Os sete últimos meses de

ANNE FRANK

Universo dos Livros Editora Ltda.
Avenida Ordem e Progresso, 157 — 8º andar — Conj. 803
CEP 01141-030 - Barra Funda - São Paulo/SP
Telefone/Fax: (11) 3392-3336
www.universodoslivros.com.br
e-mail: editor@universodoslivros.com.br
Siga-nos no Twitter: @univdoslivros

Willy Lindwer

Os sete últimos meses de ANNE FRANK

São Paulo
2022

Grupo Editorial
UNIVERSO DOS LIVROS

Diretor editorial: **Luis Matos**
Editora-chefe: **Marcia Batista**
Assistentes editoriais: **Aline Graça, Letícia Nakamura e Rodolfo Santana**
Tradução: **Mauricio Tamboni**
Preparação: **Luís Protásio**
Revisão: **Monique D'Orazio e Geisa Oliveira**
Arte: **Francine C. Silva e Valdinei Gomes**
Capa: **Valdinei Gomes**
Foto de capa: **Anne Frank Fonds Basel/contributor**

Dados Internacionais de Catalogação na Publicação (CIP)
Angélica Ilacqua CRB-8/7057

L725w

Lindwer, Willy
Os sete últimos meses de Anne Frank / Willy Lindwer ; tradução de Mauricio Tamboni. – São Paulo : Universo dos Livros, 2015.
240 p. : il.

ISBN: 978-85-7930-845-1
Título original: *The Last Seven Months of Anne Frank*

1. Frank, Anne, 1929-1945 – biografia 2. Crianças judias no Holocausto - Narrativas pessoais 3. Holocausto judeu I. Título II. Tamboni, Mauricio

15-0367 CDD 940.5318092

Minha gratidão especial às mulheres que contribuíram de forma tão notável para a criação do documentário e deste livro.

À minha mãe, Rivka, que foi assassinada pelos nazistas na Polônia.

Prefácio

Este livro contém as entrevistas completas conduzidas para meu documentário, *The Last Seven Months of Anne Frank*, televisionado pela primeira vez em maio de 1988, na Holanda. Desde então, o filme já foi exibido em vários países ao redor do mundo, inclusive nos Estados Unidos, em 1989. No curso do trabalho para a produção, descobri que somente uma pequena porção de cada entrevista podia ser usada no filme, embora todas contivessem material importante a ponto de serem preservadas em sua totalidade. Assim, este livro não apenas complementa o filme, mas é, acima de tudo, um registro histórico da admirável coragem das mulheres que aqui contam suas experiências dramáticas.

O trabalho de pesquisa e preparação para o filme levou mais de dois anos e foram necessárias várias conversas preliminares antes que as entrevistas pudessem ser gravadas. Ao expor suas experiências, essas mulheres enfrentaram estresse emocional e psicológico; mesmo assim, a necessidade de contar suas histórias era mais forte.

Por meio das entrevistas filmadas, há uma tentativa de reconstruir um período ocorrido durante a Segunda Guerra Mundial. Todas as seis mulheres conheceram Anne Frank nos últimos sete meses de sua vida e, embora relatem as próprias experiências, muitos aspectos de suas histórias também refletem a de Anne Frank.

Desenvolvi um laço especial de amizade e confiança com cada uma dessas mulheres. É difícil explicar minha admiração por sua enorme força. Por meio deste trabalho, pude entender um pouco melhor o peso que cada uma carrega e todas sobreviveram aos horrores dos campos de concentração alemães.

Embora pertença à geração pós-guerra, venho de uma família judia que sofreu fortemente durante esse período. Portanto, o conteúdo desse material me era, de certa forma, familiar. Ainda assim, porém, essas entrevistas com sobreviventes de Auschwitz deixaram mais claro do que nunca, para mim, o que significa ser privado de liberdade e subjugado aos horrores dos campos de extermínio alemães.

De todos aqueles que participaram deste projeto, devo agradecer em especial a A. H. Paape, diretor do Royal Institute for War Documentation, em Amsterdã, e Renée Sanders, jornalista participante deste projeto. Também gostaria de expressar minha gratidão a Bob Bremer, diretor da TROS Television, na Holanda, que me ofereceu ajuda durante a realização do projeto e sempre demonstrou apoio e interesse.

Sou grato à Elfriede Frank e à Anne Frank Foundation, na Basileia, Suíça, por seu apoio solidário. E, em particular, quero agradecer minha esposa, Hanna, que me apoiou em momentos críticos e ofereceu contribuições substanciais tanto para o filme quanto para o livro.

Amstelveen, 12 de julho de 1988.
Willy Lindwer

Introdução

Anne Frank tornou-se o mais reconhecido símbolo do assassinato de judeus na Segunda Guerra Mundial. Seu diário, escrito entre 12 de junho de 1942 e 1º de agosto de 1944, enquanto viveu escondida no "Anexo", foi publicado em mais de cinquenta países e inspirou diversas adaptações para teatro, cinema e televisão. O Anexo é agora um museu e atrai centenas de milhares de visitantes de todo o mundo.

Era inevitável que a imagem nascida com o diário fosse romantizada por um grande público, em especial pela geração nascida no pós-guerra – muitos dos quais leram as aventuras que Anne Frank começou a registrar em seu diário durante um dos períodos mais trágicos de nossa história. À época, ela tinha treze anos. Anne Frank morreu aos quinze.

Na terça-feira, 1º de agosto de 1944, Anne escreveu a última palavra em seu diário. Em 4 de agosto, o SD (Serviço de Segurança Alemão) atacou o Anexo, no número 263 da Prinsengracht, e todos que estavam escondidos ali foram presos. A escrita de Anne se encerra nesse momento.

Prisão, deportação e aniquilação preenchem os capítulos finais, não escritos, do diário de Anne e de seis milhões de vítimas judias, das quais mais da metade era composta por mulheres e crianças. A partir do momento da prisão de Anne, sua vida na clandestinidade do Anexo, as cartas em seu diário e as noções românticas e idealizadas de uma menina abrem espaço para a realidade dura e impiedosa dos campos de concentração nazistas, onde um genocídio sem precedentes foi cometido – onde Anne, sua irmã Margot e sua mãe Edith encontraram a morte.

Com o passar dos anos, uma atenção relativamente pequena vem sendo dada à vida de Anne após sua prisão e deportação. Não houve pesquisas extensas e, em alguns casos, as poucas fontes existentes contradizem umas às outras. Assim, pouco se sabia sobre os últimos e fatídicos sete meses de sua vida, ou sobre como ela enfrentou a terrível angústia em Westerbork e Auschwitz-Birkenau. Anne Frank morreu de doença, fome e exaustão em Bergen-Belsen, em março de 1945 – algumas semanas antes da libertação.

Mais de quarenta anos depois, restam poucas pessoas capazes e dispostas a falar sobre esse período. As sobreviventes que entrevistei foram, no início, incapazes de expor suas experiências. Ainda hoje, muitas pessoas não conseguem falar. Pouco a pouco, algumas encontram palavras – conforme continua, para elas, o processo de assimilação do Holocausto. Algumas sentem necessidade de catarse; outras querem registrar suas histórias para a posteridade. Essas pessoas sabem que estão entre as últimas testemunhas oculares dessa época fantasmagórica e incompreensível da história humana.

No documentário e também neste livro, as mulheres falam – mulheres que, como Anne, estiveram em Westerbork, Auschwitz-Birkenau e Bergen-Belsen. Elas descrevem o que aconteceu no transporte e nos campos onde Anne esteve.

Essas mulheres conheceram Anne Frank e sua família. Algumas foram suas amigas ou colegas de escola. Como aqui as entrevistas são expostas em sua integridade, o livro apresenta o histórico biográfico e a origem de cada uma delas e, como consequência, coloca-as no contexto de um cenário contemporâneo muito mais amplo.

Existem divergências nos relatos e nos pontos de vista sobre alguns detalhes dos sete últimos meses de vida de Anne. Talvez os fatos históricos exatos sejam menos importantes do que um registro do que Anne Frank e essas mulheres – que chegaram ao limite da resistência humana – enfrentaram.

Elas relatam seu medo da morte, e como enfrentar diariamente a morte de outras pessoas as forçou, para salvar a própria vida, a pôr em xeque seus próprios sentimentos. Acima de tudo, todas contam os pequenos detalhes humanos que tiveram um enorme papel nos campos, onde não existia mais lei.

Após vários meses de pesquisa, e com a ajuda do State Institute for War Documentation, conseguimos encontrar mulheres preparadas para falar diante de uma câmera e de um microfone sobre suas experiências pessoais nos campos de concentração alemães. Todas compartilharam experiências com Anne Frank e sua família após a prisão. Essas mulheres enfrentaram uma dor pessoal profunda, cada uma à sua maneira, e talvez ainda a enfrentem – uma dor da qual ninguém consegue realmente se recuperar. Seus relatos pessoais e visões do que aconteceu são uma contribuição importante para compreendermos esse período traumático da história. Anne Frank fez parte dessas experiências. As mulheres falam por ela.

Esses relatos são *necessários*. Fascismo, neonazismo, discriminação racial e antissemitismo continuarão existindo. Até mesmo a autenticidade do diário chegou a ser questionada. Por tais motivos, a maioria das testemunhas decidiu contar sua história. Elas queriam expor abertamente as dores que lhes foram infligidas e, talvez assim, combater a injustiça onde quer que ela exista.

Vale a pena notar que as vozes que ouvimos são dessas mulheres. Os horrores infligidos por nazistas a mulheres e crianças têm recebido pouca atenção até agora. Os testemunhos deixam ainda mais claro que a insanidade nazista não tinha limites. O livro conta os sentimentos das mulheres em um momento de profundas dificuldades. Seres humanos eram rebaixados ao nível de coisas. Qualquer sensibilidade humana, qualquer padrão humano foi deixado de lado. O fato de essas mulheres terem sobrevivido pode ser considerado um milagre: Auschwitz e Bergen-Belsen não foram concebidos visando à sobrevivência.

Essas corajosas mulheres carregarão um enorme fardo por toda a vida, e a escolha por dividir suas experiências é uma demonstração de coragem pela qual todos nós podemos nos sentir gratos.

Contexto histórico

Em 1933, Otto Frank decidiu deixar Frankfurt, cidade com uma grande comunidade judia, e emigrar para Amsterdã. Ele imaginava que a chegada de Hitler ao poder era o prenúncio de uma catástrofe para os judeus.

A família Frank – composta por Anne, nascida em 12 de junho de 1929, sua irmã Margot, três anos mais velha, a mãe e o pai – foi viver no número 37 da Merwederplein, em Amsterdã. Lá, Anne, como filha de pais ricos, passou anos tranquilos. Todavia, a invasão nazista à Holanda, em maio de 1940, lançou uma sombra sobre essa infância feliz, e a situação tornou-se pior com as crescentes restrições impostas aos judeus. Entre essas limitações, estava o regulamento que estabelecia que crianças judias só tinham autorização para frequentar escolas judaicas.

Mesmo assim, Anne viveu momentos relativamente agradáveis, marcados por uma agitada vida social no Liceu Judaico (escola criada pelos ocupantes alemães sob os auspícios do Conselho Judaico Alemão). Edith e Otto Frank faziam tudo que estava ao seu alcance para proteger as filhas da crescente pressão gerada pela ocupação.

Porém, em julho de 1942, Margot recebeu uma convocação para trabalhar no "Leste". Para Otto Frank, isso foi motivo suficiente para procurar um esconderijo para a família. Os Frank eram relativamente afortunados. Conheciam pessoas, como Miep e Jan Gies e outras, que estavam dispostas a ajudar aqueles que precisassem de esconderijo. Isso era incomum; a maioria dos judeus não tinha contatos desse tipo.

Uma segunda particularidade foi o fato de os Frank permanecerem unidos durante todo o período em que passaram na clandestinidade. A maior parte das 25 mil famílias judias em esconderijos na Holanda acabou separada.

Com a ajuda de funcionários de sua empresa, Otto Frank conseguiu fazer todos os preparativos em um anexo localizado atrás do estabelecimento. Os Frank se esconderam no número 263 da Prinsengracht com alguns amigos: a família van Daan e o dentista Dussel. Esse era o endereço dos escritórios e do armazém da empresa alemã Opekta, fundada por Otto Frank em 1933. A companhia produzia pectina, usada na fabricação de compotas e geleias.

No início de julho de 1942, a família Frank entrou na clandestinidade. No diário que Anne havia ganhado de presente em seu 13º aniversário, algumas semanas antes, ela descreve muito detalhadamente esse período: as circunstâncias e as sensações de uma garota crescendo, sua relação com os pais e a irmã e as tensões que tomavam forma entre os que viviam no Anexo. A primeira anotação em seu diário é datada de 12 de junho de 1942.

A última foi escrita em 1º de agosto de 1944. Três dias depois, a polícia alemã e seus assistentes holandeses, sob o comando de Karl Silberbauer do SD (Serviço de Segurança), chegaram à entrada do Anexo. Todos os ocupantes e dois daqueles que os haviam ajudado foram levados em um caminhão para o quartel do SD na Euterpestraat.

Um dia após ser capturada, a família Frank foi transferida para Huis van Bewaring, um presídio em Weteringschans. Em 8 de agosto, eles foram transportados da principal estação de trem de Amsterdã para o campo de concentração de Westerbork.

Desde o momento em que os nazistas começaram a prender judeus na Holanda, no verão de 1942, Westerbork, em Drente, passou a ser usado como um campo de trânsito, parte do aparelho de deportação que distribuía os judeus entre os vários campos de concentração alemães. Westerbork era guardado pelas polícias civil e militar holandesas. No período entre o verão de 1942 e o outono de 1944, 85 trens deixaram o local, rumo aos campos de extermínio. Desses 85, 19 tinham como destino Sobibor e outros 66 seguiram para Auschwitz.

Durante um mês, os Frank foram mantidos em galpões "disciplinares" (Galpão 67), não como prisioneiros comuns, mas como internos acusados de um crime, pois não haviam se apresentado para deportação – em vez disso, haviam sido pegos no esconderijo. Em 3 de setembro de 1944, a bordo do último transporte a deixar a Holanda, Anne Frank, sua família e seus companheiros de esconderijo foram levados para o campo de extermínio Auschwitz-Birkenau. A essa altura, mais de 100 mil judeus holandeses haviam sido deportados. Esse último transporte para Auschwitz levava 498 homens, 442 mulheres e 79 crianças – um total de 1 019 pessoas.

Menos de duzentos quilômetros separavam o comboio das forças Aliadas, que, a essa altura, já tinham alcançado Bruxelas.

O transporte chegou a Auschwitz durante a noite de 5 de setembro. Quase imediatamente após a chegada, homens e mulheres foram separados. No dia seguinte, 549 pessoas desse último transporte, entre elas todas as crianças com menos de quinze anos, foram enviadas para as câmaras de gás de Auschwitz-Birkenau. Mulheres que não haviam sido selecionadas para o extermínio tiveram de caminhar até o campo de concentração feminino, Birkenau. Entre elas, estavam Edith Frank e suas filhas.

Com precisão assustadora, um aterrorizante assassinato em massa era realizado em Auschwitz-Birkenau, o maior campo de concentração nazista. O objetivo: o extermínio completo de populações inteiras, entre as quais estavam judeus e ciganos. Era um genocídio que, em termos de organização e escopo, não encontra paralelo na história mundial. Em setembro de 1944, quase 2 milhões de pessoas – a maioria judeus – haviam sido vítimas das câmaras de gás em Auschwitz-Birkenau.

Depois da chegada do último transporte de Westerbork, havia aproximadamente 39 mil pessoas no campo das mulheres. Edith Frank e suas filhas, Margot e Anne, instalaram-se no Galpão 29.

Margot e Anne permaneceram quase dois meses em Auschwitz--Birkenau, no chamado *Krätzeblock*, ou "galpões da sarna", pois estavam infestadas pela *Krätze* (sarna). Como não queria deixar as filhas, Edith ficou com elas até as duas serem enviadas a Bergen-Belsen, provavelmente no dia 28 de outubro de 1944. Em 6 de janeiro de 1945, Edith Frank morreu, vítima do sofrimento e da exaustão, em Auschwitz-Birkenau.

Ao final de outubro de 1944, os russos estavam a aproximadamente cem quilômetros de Auschwitz. A partir de então, muitas mulheres foram transportadas de Birkenau para outros campos de concentração. Algumas foram levadas para o campo de trabalho de Libau, onde acabaram distribuídas entre as fábricas que produziam material de guerra para os alemães.

Anne e Margot foram enviadas para Bergen-Belsen em 28 de outubro. Originalmente, Bergen-Belsen era um dos "melhores" campos; havia servido, num primeiro momento, como "campo de trocas" *(Austauschlager)* para judeus que seriam trocados por alemães detidos fora de territórios controlados pelos nazistas. Porém, durante os últimos meses da guerra, as condições de vida nesse campo, que ficava na parte improdutiva de Lünenburg, tornaram-se tão ruins que, embora não existissem câmaras de gás, 10 mil pessoas morreram ali.

Próximo do fim de 1944, diversos barracões haviam sido acrescentados a uma das piores seções do campo, os conhecidos *Sternlager* ou "Galpões da Estrela" – uma referência à estrela amarela que os internos tinham de usar. A situação no campo tornou-se muito pior. Quase não havia alimento, era inverno e as doenças alastravam-se por todos os lados. As condições pioraram ainda mais com a chegada de vários transportes, especialmente aqueles vindos de Auschwitz ao final de outubro e início de novembro de 1944.

Como o fim da guerra, as forças Aliadas aproximavam-se e a Alemanha não sabia mais o que fazer com tantos prisioneiros dos campos de concentração. Massas de pessoas se amontoavam em Bergen-Belsen, que não tinha sido projetado para acomodar quantidades tão grandes. Os novos galpões, especialmente na área feminina, ainda não estavam prontos e, com enorme pressa, uma área com tendas foi criada para as pessoas que chegavam de Auschwitz-Birkenau. Entre elas estavam Margot e Anne Frank. Uma semana após a chegada das irmãs, várias tendas foram levadas por um forte temporal. A superlotação do campo aumentou durante os meses de inverno. As péssimas condições de vida ficaram ainda piores. Como resultado, nos últimos meses antes do fechamento de Bergen-Belsen e nas primeiras semanas que se seguiram, a maioria dos internos veio a óbito. Entre eles estavam Margot e Anne Frank, que morreram de tifo, com poucos dias de diferença. O campo foi fechado logo depois, em 15 de abril de 1945, pelos britânicos.

Em 1952, a Cruz Vermelha Holandesa relatou que, das 1 019 pessoas no transporte que partiu em 3 de setembro de 1944 de Westerbork rumo a Auschwitz, 45 homens e 82 mulheres sobreviveram.

Hannah Elisabeth Pick-Goslar "Lies Goosens"

Várias conversas ao telefone precederam nosso primeiro encontro, em dezembro de 1987, em Amsterdã. Com a ajuda de Otto, pai de Anne Frank, Hannah Pick-Goslar que, com a irmã, sobreviveu a Bergen-Belsen, emigrou para Israel após o fim da guerra.

Conforme imaginei, era uma mulher agradável, contente e comunicativa, humilde e impassível. Depois de quarenta anos, ainda falava holandês consideravelmente bem. Quando sugeri que retornássemos ao lugar em que tinha visto sua mais próxima amiga de infância, Anne Frank, pela última vez, ela não hesitou por um instante. Visitaria o local. Seu filho Chagi, que não queria que a mãe voltasse sozinha a Bergen-Belsen, acompanhou-a. Chagi, um de seus três filhos, ajuda bastante a mãe.

A história de vida de Hannah é um reflexo completo da história dos judeus durante o século XX. Em 1933, fugiu com os pais da Alemanha Nazista para a Holanda; sobreviveu aos horrores de Bergen-Belsen e instalou-se em Israel, o sonho de Theodor Herzl, cujas ideias sionistas ela e a família admiravam; Chagi, nascido em Israel, é cientista e oficial do Exército do país. Essa foi sua primeira visita à Europa.

Hannah Pick aparece diversas vezes no diário de Anne Frank com o pseudônimo "Lies Goosens". (Otto Frank mudou o nome das pessoas mencionadas no diário quando ele foi publicado.) Antes de filmar o documentário, visitamos vários lugares em que ela e Anne passaram a infância. De muitas formas, os primeiros anos de Hannah e Anne foram bem parecidos. Ambas tinham quatro anos em 1933, quando fugiram da Alemanha para a Holanda. Foram vizinhas em Merwedeplein, na região sul de Amsterdã, onde cresceram juntas. Também frequentaram juntas o jardim da infância, a escola primária e o ginásio, até o momento em que a família Frank foi para o esconderijo, em julho de 1942. Elas não voltaram a se ver até o início de 1945, quando, pouco antes da morte de Anne, conversaram várias vezes – cada uma de um lado da cerca de arame farpado de Bergen-Belsen.

HANNAH ELISABETH PICK-GOSLAR
"LIES GOOSENS"

Nasci numa família judia praticante em Berlim, em 1928. Minha mãe, Ruth Judith Klee, filha de um advogado berlinense bem conhecido, era professora. Meu pai, Hans Goslar, era ministro adjunto no Ministério do Interior e secretário de imprensa do governo prussiano em Berlim. Mesmo antes de Hitler chegar ao poder, ele percebeu a direção em que o vento soprava, então começamos a nos preparar para nossa fuga rumo à Holanda.

Lá, meu pai, que era economista, abriu um pequeno escritório com outro refugiado, um advogado chamado Ledermann. Eles ofereciam consultoria legal e financeira a refugiados. Não era uma empresa que gerava muitos lucros, mas meu pai ganhava a vida. Em 1933, nós nos mudamos para Merwedeplein, em Amsterdã.

Na Alemanha, meu pai havia sido um dos fundadores da Mizrachi, uma organização religiosa sionista. A cada quatro anos, participava dos congressos sionistas, então conhecia bem muitos membros holandeses do Mizrachi. Acredito que essas pessoas tenham nos ajudado. Meu pai fazia amizades rapidamente e era respeitado nos círculos judaicos. Não tínhamos contato direto com pessoas de fora da comunidade judaica.

Como conheci Anne Frank? Isso é algo interessante. Logo na primeira semana depois que chegamos a Amsterdã, fui com nossa empregada – também uma refugiada – a uma loja para comprar manteiga e leite e lá encontramos outra empregada, que também era refugiada e que também não falava holandês. As duas começaram a conversar e, por fim, descobrimos que outra família de refugiados morava no número 37 da Merwedeplein. Vivíamos na esquina do outro lado do quarteirão, no número 31. No dia seguinte, conhecemos a família Frank.

Eles tinham duas filhas: Margot, três anos mais velha do que eu, e Anne, apenas seis meses mais nova do que eu. Meus pais e o senhor e a senhora Frank logo se tornaram amigos, embora viessem de formações muito diferentes. O senhor Frank era um homem de negócios. A senhora Frank, acredito, não tinha uma profissão. Em contraste com meus pais, os Frank não eram nada, nada religiosos. Tanto meu pai quanto minha mãe tinha formação acadêmica.

Eles se tornaram amigos muito próximos, em parte por causa da língua, mas também porque se encontravam na mesma situação. Afinal, as duas famílias haviam sido forçadas a deixar a Alemanha e a viver como refugiados na Holanda.

O senhor Frank era uma pessoa otimista. Quando entrava em um ambiente, o sol começava a brilhar. Sempre estava de bom humor. Meu pai, por sua vez, era mais pessimista. No final, ele estava certo, mas era muito mais agradável ouvir o que o senhor Frank tinha a dizer.

Todas as noites de sexta-feira, a família Frank vinha nos visitar. Também celebrávamos juntos, em nossa casa, o Pessach. Todos os anos, para a Festa dos Tabernáculos, construíamos um tabernáculo em um pequeno corredor entre os quintais de Merwedeplein e de Zuideramstellaan. O tabernáculo era bem pequeno porque o corredor era muito estreito. Anne, obviamente, vinha dar uma olhada e, às vezes, ficava para jantar conosco. Também ajudava a decorar o tabernáculo.

No Yom Kipur, o Dia do Perdão, jejuávamos durante o dia todo. O senhor Frank e Anne ficavam em casa preparando a refeição da noite, enquanto a senhora Frank e Margot iam à sinagoga com meus pais. Quando eu era pequena – e você não precisa jejuar até os 12 anos –, sempre me chamavam para comer com a família Frank. Então, minha mãe podia ir à sinagoga sem precisar se preocupar comigo. A senhora Frank e Margot iam à sinagoga de vez em quando, mas Anne e seu pai iam com bem menos frequência.

Na casa de Anne, eles celebravam o *Sinterklaas* (festa que os holandeses fazem para São Nicolau em 5 de dezembro). Na minha casa, porém, isso não acontecia. Só observávamos os feriados judaicos. Celebrávamos o Chanucá. Na escola, é claro, eu podia participar; sempre acontecia uma festa na escola no dia depois do Sinterklaas – uma peça ou algo assim.

O fato de eu ser, naquela época, apenas uma criança e de a família Frank ter uma filha da minha idade também ajudou nossa amizade. Eu achava maravilhoso ir à casa deles. Anne e eu, é claro, também frequentamos o mesmo jardim da infância. Ainda consigo me lembrar do primeiro dia. Minha mãe me levou à escola. Eu ainda não falava holandês e ela estava bastante ansiosa por saber como as coisas aconteceriam, como eu reagiria. Mas, quando entrei, lá estava Anne, do outro lado da porta, tocando os sinos. Ela deu meia-volta e me lancei em seus braços. Então minha mãe pôde ir tranquila para casa. Assim que vi Anne, deixei de lado a timidez e esqueci minha mãe.

Depois do jardim da infância, frequentamos a mesma escola durante seis anos, a Sexta Escola Pública Montessori, que agora se chama Colégio Anne Frank. Mais tarde, frequentamos o ginásio juntas em uma escola judaica – falarei sobre isso mais adiante.

Eu nunca ia à escola aos sábados, pois éramos religiosos praticantes. Os judeus ortodoxos não vão à escola aos sábados, o Sabá. Anne ia. E todos os domingos ou ela vinha à minha casa, ou eu ia à casa dela para fazer a lição de casa.

Também aos domingos, com frequência íamos com o pai dela a seu grande escritório em Prinsengracht – onde hoje fica a Casa de Anne Frank – e lá brincávamos. Na época, eu não via o Anexo inteiro. Havia um telefone em cada cômodo e isso nos dava a chance de fazer nossa brincadeira preferida: telefonar de um cômodo para o outro. Era uma grande aventura. E brincávamos muito na rua. Também pregávamos peças nas pessoas. Na Merwedeplein, jogávamos água pela janela, nas pessoas que passavam lá embaixo.

Ainda me lembro que certa vez brincamos de *voetje van de vloer* (uma brincadeira infantil holandesa parecida com a amarelinha) e, quando chegamos em casa, ouvimos uma reportagem no rádio falando que tinha acontecido um terremoto em algum lugar. Rimos muito daquilo!

Como eu recebia uma educação religiosa e Anne não, nem sempre tínhamos os mesmos dias de folga. Nas tardes de quarta-feira e nas manhãs de domingo, eu tinha que estudar a língua hebraica. Margot também fazia aulas de hebraico; Anne, não. Ela seguiu os passos do pai e não era nem um pouco religiosa.

Os pais de Anne sempre iam à nossa casa nos feriados judaicos e, em outras ocasiões, como a véspera de Ano-Novo, íamos à casa deles. Então, nós duas podíamos dormir juntas no quarto dela. À meia-noite, eles nos acordavam e comíamos *oliebolletje* (doce parecido com uma rosquinha) e bebíamos alguma coisa. O dia depois do Ano-Novo era feriado e podíamos dormir até tarde. Ficar juntas era sempre muito divertido, era como uma festa especial.

No verão, quando saíamos de férias, levávamos Anne conosco. Ela mantinha uma fotografia de nossa casinha de verão pendurada sobre a cama, a mesma fotografia em seu quarto na Casa de Anne Frank. Anne devia gostar muito da casinha, ou então não teria escolhido aquela foto para pendurar ali. Quando íamos passar o dia em Zandvoort, no verão, perguntávamos à senhora Frank se Anne e Margot poderiam nos acompanhar. Elas eram como irmãs, minha mãe e a senhora Frank.

Formávamos um grupo de três amigas: Anne, Hanne e Sanne. Mas Sanne foi estudar em outra escola. E havia outra garota, que era minha colega de Sabá. Ela estudou em uma escola chamada Jerker. Todos os sábados, eu a encontrava na sinagoga e brincávamos juntas durante a tarde. Anne ficava um pouco enciumada por causa dessa amiga. Ela escreveu em seu diário, muito tempo depois, em 27 de novembro de 1943, que tinha sonhado comigo e perguntado por que ela, Anne, viveu e eu, Lies, tinha morrido... Ela achava que eu estava morta. Também escreveu que tinha sido muito malvada por querer ver aquela amiga longe de mim e que se perguntava como eu me sentia. Naturalmente, também tínhamos nossas discussões e diferenças, mas éramos garotas normais, então isso era esperado. Mas, de modo geral, éramos boas amigas e sempre conversávamos para resolver as coisas e nos divertíamos juntas.

Anne adorava livros de assinaturas nos quais todos tinham que escrever um verso. Ela tinha muitos amigos. Acho que tinha mais meninos do que meninas como amigos, especialmente quando estava na sexta série e, depois, no primeiro ano do Liceu. Os garotos a adoravam. E Anne gostava muito do fato de que os meninos prestavam atenção nela.

Estava sempre preocupada com os cabelos. Tinha os fios compridos e sempre brincava com eles. Seus cabelos a mantinham ocupada o tempo todo.

Também fazia um truque especial e engraçado, algo que eu nunca tinha visto antes. Sempre que queria, podia deslocar o ombro. Ela achava muito divertido quando as outras crianças assistiam àquilo e caíam na risada.

Anne era uma garota de saúde frágil. Não sei qual era o problema, pois raramente tinha febre alta, mas quase sempre ficava de cama. E isso durava alguns dias. É provável que tivesse febre reumática. Eu sempre a visitava nessas ocasiões e levava as lições de casa. Mesmo assim, Anne sempre estava muito alegre. Adorava segredinhos e conversar. E colecionava fotos de artistas de cinema – algumas ainda podem ser vistas nas paredes da Casa de Anne Frank. Deanna Durbin e vários outros... Eu nunca me interessei muito por isso. Mas nós duas colecionávamos fotos dos filhos das famílias reais da Holanda e da Inglaterra. Trocávamos essas fotos. E ela começou a escrever. Estava sempre pronta para uma brincadeira.

Anne era uma garota teimosa. E sempre estava muito bonita. De modo geral, todos gostavam muito dela, e ela sempre era o centro das atenções em nossas festas. Gostava de ser importante – isso não era uma qualidade ruim. Lembro que minha mãe, que gostava muito dela, costumava dizer: "Deus sabe de tudo, mas Anne sabe muito mais."

Anne ganhou um diário em seu aniversário de treze anos. Aconteceu uma festa durante a tarde e vimos que ela tinha ganhado um lindo diário de seus pais. Não sei se aquele foi seu primeiro ou segundo diário, mas me lembro de sempre vê-la escrevendo, escondendo as palavras com a mão, mesmo durante os intervalos no colégio. Todos podiam ver que ela estava escrevendo, mas ninguém podia ver o que tinha escrito. Eu pensava que Anne estava esboçando livros inteiros. Sempre tive muita curiosidade por saber o que havia em seus diários, mas ela nunca os mostrava a ninguém.

Nunca consegui descobrir o conteúdo, mas já cheguei a pensar que havia muito mais do que o que foi publicado. Talvez eles nunca tenham encontrado tudo o que ela escreveu antes de ir para o esconderijo – quando isso aconteceu, Anne já escrevia há anos, lembro bem.

Ela de fato registrou no diário que, se tivesse uma escolha depois da guerra, queria se tornar escritora na Holanda.

Pelo que me lembro, Anne era um pouco mimada, especialmente pelo pai. Era a menininha do papai. Margot se parecia mais com a mãe. Foi bom elas serem apenas duas filhas. A senhora Frank era um pouco religiosa e Margot também seguiu nessa direção. Ela sempre disse que, depois da guerra, se tivesse uma oportunidade de escolher, queria ser enfermeira em Israel.

Tudo era muito idílico até Hitler ocupar a Holanda.

Num primeiro momento, não houve muitas mudanças. Em outubro de 1940, ganhei uma irmãzinha. Ela se tornou a queridinha da família Frank. Todos os domingos, Anne e Margot queriam ver minha irmã tomar banho e comer. Depois, nós três a levávamos para passear no carrinho de bebê. Margot, em especial, era louca por minha irmã.

Mas pouco a pouco tudo foi mudando. Já não tínhamos o direito de andar nos bondes; judeus não podiam comprar nas lojas, exceto por duas horas, entre 3h00 e 5h00 da tarde, depois, só em lojas de judeus. Paulatinamente, os alemães começaram a enviar convocações para os campos de trabalho. Chamavam, especialmente, pessoas mais jovens. Na época, não sabíamos que esses campos eram, na verdade, algo muito pior.

Depois da sexta série, não pudemos continuar os estudos onde queríamos. Todos os alunos judeus tinham que frequentar escolas judaicas. E uma escola especial foi criada para nós, o Liceu Judaico, em Voormalige Stadstimmertuinen, Amsterdã. Ficava do outro lado da rua de uma escola judaica na qual alunos judeus sempre tinham estudado.

No Liceu Judaico, Anne e eu sempre assistíamos juntas, uma ao lado da outra, às aulas. Copiávamos as lições uma da outra, e lembro que, certa vez, recebemos lição extra como castigo por termos feito isso. Certo dia, um professor agarrou Anne pelo colarinho e a levou para outra classe porque queria nos manter separadas. Não sei o que aconteceu mas, meia hora depois, eu estava sentada ao lado dela na outra classe. Aí os professores nos deixaram sentar juntas.

Foi sempre assim. Anne já escrevia bem nessa época. Se precisasse fazer lição extra porque estava conversando, ela fazia bem. Certa vez, escreveu um poema que o professor achou tão engraçado que só conseguiu rir e ler em voz alta. Começava assim: "*Kwek, kwek, kwek, zei juffrouw Snaterbek*" (Quá, quá, quá, falou a senhora Tagarela).

No final do primeiro ano no Liceu, aconteceu uma grande festa. Margot foi aprovada com distinção; era uma excelente aluna. Anne e eu passamos por pouco; não éramos muito boas em Matemática. Lembro que fomos juntas para casa e, depois disso, passei alguns dias sem vê-la.

✡

A fábrica do senhor Frank, a Opekta, produzia uma substância usada na fabricação de geleia. Minha mãe sempre ganhava potes que estavam para vencer. Logo depois que saí da escola, ela mandou que eu fosse à casa dos Frank para buscar uma balança emprestada. Ela queria fazer geleia. Era um lindo dia.

Fui, como de costume, à casa dos Frank. Toquei e toquei e toquei a campainha, mas ninguém veio. Não entendi por que ninguém atendia. Toquei mais uma vez e, por fim, o senhor Goudsmit, um inquilino, abriu a porta.

"O que você quer? Veio aqui atrás de quê?", perguntou, impressionado.

"Vim pedir a balança emprestada."

"Você não sabe que a família Frank foi para a Suíça?"

Eu não sabia de nada daquilo.

"Por quê?", perguntei.

Ele tampouco sabia.

Aquilo foi um choque repentino. Por que eles tinham ido para a Suíça? A única ligação entre a família Frank e a Suíça era o fato de a mãe de Otto viver lá.

Contudo, depois acabou parecendo que, de fato, a família sempre havia imaginado que a situação se tornaria pior para os judeus. Eles vinham se preparando há um ano para se esconder. Não sabíamos de nada desse plano. Não se pode contar a ninguém algo assim. Afinal, se alguém falasse, tudo iria por água abaixo.

Não podíamos nos esconder porque minha mãe estava esperando outro filho e minha irmãzinha só tinha dois anos. Então, jamais pensamos em seguir por esse caminho. O senhor Frank nos visitava com frequência quando meu pai estava deprimido por conta da guerra, dos alemães, dos possíveis desenvolvimentos futuros e de como tudo estava terrível. O senhor Frank dizia: "Está tudo bem, a guerra logo vai acabar". Já me perguntaram por que ele escolheu outra família, os Van Daan, e não a gente, para se esconder com eles – afinal, éramos amigos muito próximos. Mas não devemos esquecer: em primeiro lugar, eu tinha uma irmãzinha de dois anos e é impossível ficar no esconderijo com uma criança tão nova. No diário, Anne conta que eles não podiam dar descarga e que só podiam andar livremente um pouco durante a noite. Medidas desse tipo são impossíveis de se colocar em prática com uma criança de dois anos. Em segundo lugar, minha mãe estava grávida outra vez, e uma mulher esperando um filho também não é simples de se esconder. Por esses motivos, nunca nos ressentimos. Nunca considerei essa atitude um problema.

Então, fui para casa e contei à minha mãe: "A família Frank não mora mais lá. Aqui está a balança."

Meus pais ficaram muito chateados; não conseguiam entender o que tinha acontecido. Mas, no caminho para casa, encontrei um amigo que disse: "Quer saber? Recebi uma carta dos alemães. Na próxima semana, terei de ir a um *Arbeitslager* (campo de trabalho)." Ele tinha dezesseis anos. Aí você soma dois e dois e descobre que talvez Margot também tivesse sido convocada para um *Lager*. Mais tarde, pareceu que esse era o caso. Ela havia recebido uma intimação dizendo que devia ir a um *Arbeitslager*. Foi então que o senhor Frank disse: "Você não vai a *Arbeitslager* nenhum. Nós vamos nos esconder."

Não tínhamos a menor ideia de que a família vinha fazendo os preparativos há um ano. Só descobri isso depois da guerra, quando o senhor Frank me contou. E é claro que não imaginávamos que eles tinham, na verdade, ficado em Amsterdã. Sabíamos que a mãe dele vivia na Suíça, então acreditávamos que eles tinham fugido para a Suíça. Ao espalhar esse rumor, eles esperavam que não fossem procurados pelas autoridades. Na época, muitos judeus tentavam atravessar a fronteira e seguir para a Suíça, então isso não era nada incomum. A maioria deles não conseguia.

✡

Acredito que Anne tenha sido a primeira amiga que perdi. Obviamente, foi muito assustador, mas começamos a nos acostumar com a ideia. Quando voltei para a escola, depois do verão, a cada dia menos crianças apareciam nas aulas.

Ficamos em Amsterdã quase um ano mais, até 20 de junho de 1943. E, durante todo esse período, as coisas se tornavam progressivamente piores. Os judeus tinham que usar uma estrela amarela. Tínhamos um *Ausweis* (um cartão de identificação) com um enorme "J" estampado – "J" de judeu. As pessoas eram paradas na rua. "Posso ver seu *Ausweis?*" Se você fosse judeu, era levado e nunca mais voltava para casa. E uma mãe que estivesse esperando sua filha se perguntava: "Onde está minha filha? Eles a levaram?".

A situação se tornava mais perigosa a cada dia. E a cada dia nossa sala de aula ficava mais vazia. Chegávamos de manhã e havia um menino a menos, ou uma menina a menos. Nunca vou me esquecer de quando o senhor Presser, nosso professor de História, que posteriormente se tornaria professor universitário, deu uma aula sobre o Renascimento. Ele começou a ler sobre o encontro de Dante e Beatriz no Paraíso. De repente, no meio da aula, ele começou a chorar e saiu da sala.

"O que há de errado?"

"Ontem à noite eles levaram minha esposa."

Foi terrível. Ainda fico arrepiada quando penso naquilo, quando me lembro daquele homem parado ali diante de nós. Ele não tinha filhos, pelo menos acho que não. A esposa era tudo para ele. Ele voltaria para casa e ela não estaria mais lá. As coisas eram assim.

Até então, minha família tinha tido sorte. Conseguimos comprar uma cidadania sul-americana por meio de um tio na Suíça. Éramos expatriados. Por isso foi possível. Tínhamos passaportes paraguaios. Dando risada, meu pai disse: "É melhor você saber algo sobre o Paraguai, para o caso de eles perguntarem." Então aprendi o nome da capital, Asunción. Não sabia de mais nada, mas ninguém nunca me fez nenhuma pergunta.

Por causa desses passaportes, ainda podíamos sair de casa sem tremer de medo, mas era impossível saber o que aconteceria no dia seguinte.

E então, um segundo documento nos ajudou. Afinal, meu pai era um dos líderes da Mizrachi na Alemanha e também era bastante envolvido com o movimento Mizrachi na Holanda. Acredito que quarenta listas de conhecidos foram esboçadas e reconhecidas pelos alemães, contendo os nomes dos sionistas mais famosos – pessoas que queriam ir para Israel. E nós estávamos na segunda lista.

Dessa forma, seguimos a vida, com poucos alimentos e muito medo. Mas pelo menos estávamos em casa. Em outubro, minha mãe morreu durante o parto. A criança também nasceu morta. Isso está, em parte, no diário de Anne. Alguém lhe contou que o bebê tinha morrido, mas ninguém falou que minha mãe também havia morrido. Provavelmente não tiveram coragem.

Ainda me lembro de quando meu pai perguntou se minha irmã e eu queríamos ir para um esconderijo. Rejeitei a ideia porque nossos nomes estavam no passaporte dele e, se alguém os tivesse lido, meu pai seria imediatamente enviado para Auschwitz. Não sei se eu sabia o que era Auschwitz, mas tinha certeza de que, se alguém fosse preso e se todas as pessoas que viviam com ele não estivessem lá, as autoridades entenderiam que essas pessoas estavam em um esconderijo, então o preso iria para um campo "S" (um campo de punição). Falei ao meu pai: "Não, nós vamos juntos." Provavelmente ainda tínhamos o sonho de permanecer unidos.

Sei que nossa criada foi pega e não voltou. Meu pai tinha conseguido resgatá-la uma vez antes, mas na segunda ocasião ela foi realmente levada. Restávamos apenas nós três: meu pai, minha irmãzinha e eu. Nossos avós, que tinham deixado a Alemanha para viver na Holanda, em 1938, moravam na casa ao lado.

Tudo correu relativamente bem até 20 de junho de 1943, quando houve uma grande prisão no sul de Amsterdã. Naquele dia, os alemães deram início a algo novo. Às 5 horas da manhã, enquanto todos estavam dormindo, eles bloquearam a parte sul da cidade. Foram de porta em porta, tocando a campainha e perguntando:

"Há judeus vivendo aqui?"

"Sim."

"Você tem quinze minutos: pegue uma mala, enfie algumas coisas dentro e saia. Rápido."

Era o nosso bairro, então também tivemos que empacotar nossas coisas. O passaporte não ajudava mais. Tínhamos quinze minutos para ir com eles.

Às vezes as pessoas me perguntam: "Como você pôde simplesmente ir com eles, fácil assim?"; "Por que não se defendeu?"; ou "Por que não disse nada?".

Era impossível. Havia centenas de alemães com armas e, sozinhos, éramos impotentes. E se alguém tentasse reagir de alguma forma, como acontecia de vez em quando, todos os outros eram severamente punidos. Portanto, não podíamos fazer nada. Éramos levados em caminhões. Uma mulher alemã, uma vizinha – que não era judia – morava com o marido no andar de baixo de nossa casa havia seis meses. Ela gostava muito da minha irmã e foi até o oficial alemão para implorar: "Não posso pelo menos ficar com a criança?"

O homem gritou para ela: "Você, como cristã holandesa, não tem vergonha?".

E ela respondeu: "Ah, não. Sou uma cristã alemã. E não, não sinto vergonha."

Em seguida, ela desmaiou. E nós fomos levados para Westerbork. Meu pai acabou em um galpão enorme. Minha irmã e eu fomos colocadas num orfanato, no qual, eles diziam, havia mais comida. Meu pai conhecia o diretor do orfanato, dos tempos em que vivemos na Alemanha. Minha irmãzinha não permaneceu ali por muito tempo. Ficou muito doente e precisou passar por cirurgias nos dois ouvidos. Enquanto estávamos em Westerbork, ela passou quase todo o tempo no hospital.

Eu trabalhava em Westerbork. Os banheiros ficavam do lado de fora, e todos se sentiam muito felizes quando eu me oferecia para limpá-los. Ninguém sabia por que eu vivia tão ansiosa por limpar os banheiros. Mas, de vez em quando, meu pai passava por ali e, se eu estivesse limpando os banheiros no momento certo, podia vê-lo por um instante. Era por isso que eu fazia aquele trabalho nojento.

Para dizer a verdade, o orfanato era suportável. Tínhamos professores e aulas. Todos eram jovens filhos de judeus que estavam em esconderijos. Os filhos haviam sido encontrados; os pais, não. Às vezes acontecia o contrário... os pais já tinham ido e os filhos acabavam sendo encontrados mais tarde.

Todas as sextas e terças-feiras chegavam trens para serem lotados. Eles iam para a Polônia. Ainda tínhamos nossos documentos sul-americanos, o que nos permitiu ficar.

Lembro-me de uma noite terrível em novembro, quando foi anunciado que, de todas as listas palestinas (listas de pessoas que queriam ir a Israel), somente as duas primeiras ainda eram válidas. Todas as pessoas nas outras listas tinham de sair naquela mesma noite. Então, todo o orfanato foi esvaziado. Lembro-me do rabino Vorst, que levou todas as crianças e estendeu um *talit* (um xale para orações) sobre elas e as abençoou. A maioria dos professores o acompanhou porque queria estar com as crianças. Foi horrível. Na tarde de sexta-feira, depois que o trem partiu, só sobramos eu, minha irmã no hospital e duas ou três outras crianças. Todos os demais que estavam naquelas listas tinham desaparecido.

Em 15 de fevereiro de 1944, nem nossos documentos palestinos, nem nossos passaportes podiam nos ajudar. Mas, para nós, a diferença foi não termos sido enviados para Auschwitz. Se tivéssemos sido mandados para lá em 1943, eu não seria capaz de contar essa história agora, porque as pessoas que foram levadas no começo acabaram quase todas mortas.

Mas, nessa época, eu não sabia o que era Auschwitz. As pessoas falavam sobre um *Arbeitslager* (campo de trabalho) no Leste. Nós íamos para um *Austauschlager* (campo de trocas). Na época, eu dizia: "Os alemães querem nos manter vivos para poder nos trocar por soldados alemães."

Em 15 de fevereiro de 1944, fomos transportados para Bergen-Belsen. De certa forma, era um campo melhor. O que havia de melhor? Em primeiro lugar, fomos transportados em vagões de passageiros e não em vagões de gado. E depois, quando chegamos, nossas roupas não foram tiradas e as famílias não eram separadas. Meu pai e minha irmã ficaram comigo. Dormíamos em lugares diferentes, mas podíamos nos ver todas as noites. A viagem levou... não lembro exatamente, mas demoramos dois ou três dias até a chegada a Bergen-Belsen.

Não sei se imediatamente me dei conta do que significava estar em um campo de concentração, mas lembro muito bem que, ao chegarmos, os soldados alemães estavam parados um próximo ao outro, com cães enormes aos seus lados. Até hoje tenho medo de cachorro. Não acredito que essa experiência seja o verdadeiro motivo, mas, se alguém lança algum comentário sobre isso, digo: "Se você estivesse lá e tivesse visto aqueles cachorros, também sentiria medo."

Depois, tivemos que andar, andar e andar ainda mais, até avistarmos um campo enorme, com arame farpado aqui e ali. Havia muitos campos diferentes, mas não sabíamos quem estava ali e de onde tinham vindo. Nós os vimos pela primeira vez mais tarde, quando fomos aos chuveiros, que ficavam perto da estação de trem – a meia hora ou talvez uma hora andando, mas não tivemos mais contato com eles.

Fomos a uma parte do campo que era quase nova. Havia no máximo quarenta ou cinquenta judeus da Grécia ali. Eles se tornaram, obviamente, nossos chefes, pois já estavam há algum tempo no local. Distribuíam a comida e tinham todos os trabalhos importantes. O médico era um judeu grego de Salonica. O campo era chamado *Alballalager*.

Nos primeiros dias, ficamos separados, mas depois conseguimos nos reunir. No início, meu pai precisou ficar nos galpões de quarentena. Não tiraram nossas roupas, esse era um ponto positivo daquele campo. No inverno, fazia muito frio em Bergen-Belsen. Como tínhamos sido presos em junho, não tínhamos pensado em levar roupas de inverno. Especialmente eu, uma menina nova que precisou fazer a própria mala. Mas pude manter o que havia levado.

Minha irmã tinha um enorme curativo na cabeça porque havia passado por uma cirurgia nos ouvidos em Westerbork. Logo no dia em que chegamos a Bergen-Belsen, peguei icterícia. A política dos alemães era: quem ficasse doente tinha que ir para o hospital; caso contrário, todos os demais poderiam acabar infectados. Eu não sabia o que fazer com minha irmãzinha. Meu pai estava confinado em outro galpão e eu não podia levá-la para ficar com ele. E meu pai precisava trabalhar; portanto, esse plano jamais funcionaria.

Então fiquei ali, sem saber o que fazer. Essa situação me mostrou que havia pessoas muito especiais no campo. Expliquei a uma senhora que eu estava no meu limite: "Amanhã cedo precisarei ir ao hospital e minha irmã está doente."

Duas horas depois, apareceu uma mulher, que disse:

"Meu nome é Abrahams. A senhora Lange me contou que você estava aqui e que não sabe o que fazer com sua irmã. Tenho sete filhos. Deixe-a comigo, será apenas uma criança a mais para cuidarmos."

E foi isso o que fiz. Na manhã seguinte, a filha dela, que parecia ter mais ou menos a minha idade, veio e levou minha irmã consigo. Enquanto isso, meu pai pôde me visitar. Ficamos com aquela família até o fim. Até hoje temos amizade com eles.

Éramos contados todos os dias. Os alemães tinham medo de que fugíssemos, mas era impossível ir a qualquer lugar. Aonde poderíamos ir com aquela Estrela de Davi enorme em nossas roupas, sem dinheiro, sem nada? Mas essa era a loucura dos alemães. Tínhamos que ficar posicionados em filas por cinco horas para sermos contados.

Certo dia, olhamos na direção de onde não havia galpões e percebemos que algumas tendas tinham aparecido ali. Já fazia muito frio e não sabíamos quem estava naquelas tendas. Dois ou três meses depois, vieram os ventos fortes dos temporais e todas foram derrubadas. Naquele mesmo dia, recebemos uma ordem: nossas camas, que eram como beliches, uma sobre a outra, haviam sido levadas, e agora dormiríamos em três camas empilhadas. Duas pessoas dormiriam em cada cama, e metade do campo precisava ser esvaziada. Então, uma cerca de arame farpado atravessando o campo foi levantada e preenchida com palha para que não conseguíssemos ver o que acontecia do outro lado, porque o campo não era grande. Todas aquelas pessoas das tendas foram levadas para os galpões do outro lado. Apesar da alta vigilância das guardas alemãs, tentamos fazer contato. Era, é claro, estritamente proibido conversar com as pessoas. E se os alemães vissem ou ouvissem alguém se arriscando, a pessoa era imediatamente fuzilada. Por causa disso, alguns de nós íamos para perto da cerca depois que escurecia para tentar ouvir alguma coisa. Nunca fui lá, mas descobrimos que todas as pessoas do outro lado tinham vindo da Polônia – eram judeus e não judeus.

Mais ou menos um mês depois, no início de fevereiro, quando a neve cobria o chão, uma conhecida, uma mulher mais velha, me procurou um dia. "Sabe, há alguns holandeses lá. Conversei com a senhora Van Daan. " A mulher a conhecia de antes e me disse que Anne estava lá. Ela sabia que eu conhecia Anne.

"Vá até a cerca de arame farpado e tente conversar com ela." É claro que obedeci. À noite, fui até a cerca e comecei a chamar. E, por sorte, a senhora Van Daan estava lá outra vez. Então, pedi: "Poderia chamar Anne?".

Ela respondeu:

"Sim, claro, espere um minuto. Vou procurar Anne. Não posso chamar Margot, ela está muito doente, acamada."

Mas naturalmente eu estava muito mais interessada em Anne, então esperei ali durante alguns minutos, no escuro.

Anne aproximou-se da cerca de arame farpado. Não pude vê-la. A cerca e a palha nos separavam. Não havia muita luz. Talvez eu tenha visto sua sombra. Não era a mesma Anne. Ali estava uma garota cansada, abatida. Eu também provavelmente estava assim, era tão terrível. Anne começou a chorar imediatamente e então me contou: "Não tenho mais meus pais."

Lembro-me disso com a mais absoluta clareza. Era terrivelmente triste porque ela não sabia de mais nada. Pensava que seu pai havia sido logo enviado para a câmara de gás. Mas o senhor Frank parecia muito jovem e saudável e é claro que os alemães não sabiam a idade de todos aqueles que queriam enviar para a câmara de gás, mas os selecionavam com base na aparência. Alguém que parecesse saudável tinha que trabalhar, mas outra pessoa, mesmo que mais jovem, se aparentasse estar doente ou tivesse uma aparência ruim, ia diretamente para a câmara de gás.

Sempre achei que, se Anne soubesse que seu pai continuava vivo, talvez ela tivesse mais força para sobreviver – afinal, ela morreu pouco antes do fim, apenas alguns dias antes [da libertação]. Mas talvez tudo seja predestinado.

Então ficamos ali, duas garotas jovens, e choramos. Contei-lhe sobre minha mãe. Ela não sabia o que tinha acontecido, sabia apenas que o bebê havia morrido. E contei sobre minha irmãzinha. Contei que meu pai estava no hospital. Ele morreu duas semanas depois, estava muito doente. Ela me contou que Margot estava seriamente doente e falou sobre o esconderijo porque, é claro, eu estava muito curiosa.

"Mas o que você está fazendo aqui? Não estava na Suíça?".

E então ela me contou o que tinha acontecido. Que eles não tinham ido para a Suíça e por que tinham contado aquela história, para que todos pensassem que eles tinham ido viver com a avó dela.

Depois, Anne falou: "Não temos nada para comer aqui, quase nada, e estamos com frio. Não temos roupas. Emagreci muito e eles rasparam a minha cabeça." Aquilo era terrível para ela. Anne sempre teve muito orgulho dos cabelos. Talvez tivesse crescido um pouco naquele meio-tempo, mas certamente não era tão longo quanto fora antes, quando ela brincava de fazer cachos com os dedos. A situação deles era muito pior do que a nossa. "Eles não levaram nossas roupas", falei. Aquele foi nosso primeiro encontro.

Então, pela primeira vez – já estávamos no campo há mais de um ano, tínhamos chegado em fevereiro de 1944 e já era fevereiro de 1945 –, minha irmã, meu pai e eu recebemos um embrulho bem pequeno da Cruz Vermelha. Um pacote bem pequeno, do tamanho de um livro, com *knäckebrot* (biscoitos salgados) e alguns biscoitos doces. Você não acreditaria em como era pouco. Meu filho sempre diz: "Mas, mamãe, esse pacote era algo muito especial". Porém, naqueles dias, guardávamos tudo: meio biscoito, uma meia, uma luva – qualquer coisa que oferecesse calor ou que fosse alimento. Meus amigos também me deram algo para entregar a Anne. Eu certamente não podia jogar um pacote grande pela cerca de arame farpado. Não que eu tivesse um pacote, mas, de qualquer forma, simplesmente não seria possível fazer algo assim.

Combinamos de tentar nos encontrar na noite seguinte, às 20 horas – acredito que eu ainda tinha relógio. E, de fato, consegui jogar o pacote para Anne.

Porém, eu a ouvi gritar, e então perguntei: "O que aconteceu?".

"Ah, a mulher ao meu lado pegou e não vai me devolver", ela respondeu.

Então Anne começou a gritar.

Acalmei-a um pouco, dizendo: "Vou tentar outra vez, mas não sei se conseguirei."

Combinamos outro encontro para dois ou três dias depois. E consegui jogar outro pacote. Ela o pegou. E foi isso.

Depois desses dois ou três encontros na cerca de arame farpado em Bergen-Belsen, não voltei a vê-la, pois o pessoal no campo de Anne foi transferido para outra seção. Isso aconteceu mais ou menos no final de fevereiro.

Foi a última vez que vi Anne viva ou conversei com ela.

Durante esse período, meu pai morreu. Foi em 25 de fevereiro de 1945 e eu não saí por alguns dias. Quando fui procurá-la novamente, descobri que a seção estava vazia.

Então, seríamos trocados. Na noite em que meu pai morreu, um dos médicos veio dizer quem podia e quem não podia ir. Foi bastante marcante porque, depois de tudo, ele sabia que meu pai não poderia ir, mas ainda assim o escolheu, possivelmente porque eu tinha implorado, dizendo que não iria se meu pai não fosse. Então, vestiram-no com roupas apropriadas, mas, por fim, a troca não aconteceu.

Meu pai morreu usando aquelas roupas. Talvez ele soubesse ou tivesse esperança de que suas filhas pudessem sair dali. Não aconteceu. Apenas um grupo foi trocado e eles, de fato, chegaram à Palestina. Outro grupo foi trocado no início de 1945, mas eles ficaram em Biberach até a libertação.

No final de março, minha avó morreu; no início de abril, tivemos de evacuar completamente o campo. Apenas aqueles que estivessem seriamente doentes poderiam ficar para trás. Eu tinha tifo. Estava mesmo doente, mas não mortalmente doente, então eu tinha que ir. Ainda recordo que tivemos de passar toda uma noite a céu aberto esperando os trens chegarem. E então um trem muito longo chegou. Havia um vagão para passageiros, mas estava ocupado pelos alemães – vinte tropas de escolta. E havia, não sei ao certo quantos – talvez quarenta ou cinquenta – vagões de gado. Fomos colocados dentro deles, pessoas do nosso campo e também algumas do campo de húngaros e judeus ao lado do nosso.

O trem foi liberado para seguir viagem rumo a alguma câmara de gás, provavelmente Theresienstadt. Nunca chegamos ao destino. A Alemanha estava na última fase de uma guerra terrível e o trem não podia seguir adiante. Ouvimos tiros de todos os lados e precisamos sair do veículo e deitar no chão. O trem não podia seguir por nenhum caminho e, certamente, não rumo ao seu destino.

Não havia nada para comer. Ainda me lembro de um soldado que deu um biscoito à minha irmã. Pensei: "É o próprio Deus."

Também havia um trem com soldados alemães e eu tinha um anel da minha avó e outro da minha mãe. Quatro outras famílias entregaram seus anéis. Por todos eles, eram seis ou oito, recebemos um coelho dos soldados. Não tínhamos nada para comer, entenda. E, se morrêssemos, não precisaríamos daqueles anéis. Uma mulher cozinhou o coelho em uma fogueira, então tínhamos algo para comer.

Fora isso, não havia comida no trem. Então, os alemães disseram: "Quem for suficientemente forte pode procurar os fazendeiros alemães na região e pedir algo para comer." Uma mulher cuidou da minha irmã, então eu pude ir, alternando com seu filho.

Era muito arriscado ir àquelas vilas em busca de comida, porque era impossível saber quando o trem partiria. O irmão de uma das minhas amigas perdeu o trem. Ele saiu para procurar comida e, quando voltou, a locomotiva já tinha ido embora. Ele foi resgatado – por um milagre, é verdade. Mas eu não podia correr esse risco. Estava sozinha com minha irmã, de quem precisava cuidar, então eu sempre me alimentava pouco porque só podia procurar comida perto do trem.

Isso continuou por mais ou menos dez dias, quando acordamos certa manhã e vimos os alemães segurando bandeiras brancas. Não conseguíamos entender. O que tinha acontecido? Os russos haviam chegado e sua primeira atitude fora prender os alemães. Eles não sabiam o que fazer conosco e aquilo tudo certamente formava uma imagem horrível – todos aqueles judeus e aquelas pessoas doentes, todos magros feito varas.

Havia duas vilas na região, Trobitz e Schilda (próximas a Frankfurt an der Oder). Talvez existissem outras, mas eu me lembro dessas duas. A vila de Trobitz não tinha se rendido e continuava lutando contra os russos. Essa foi a nossa sorte. Os russos disseram: "Vão em frente. Tirem os alemães de suas casas, então, vocês poderão viver nas casas deles." Eu era uma menina nova, com uma irmã ainda menor. Não conseguiria tirar nenhum alemão de sua casa e, quando cheguei lá, todas já estavam ocupadas. Eu continuava com aquela mulher mais velha, o filho dela e uma ou duas outras famílias.

Alguém apontou que, em outra vila, os habitantes haviam erguido bandeiras brancas. Então não seria necessário tirar ninguém de sua casa, bastava procurar uma casa vazia. Encontramos uma – a menos de três quilômetros dali e até hoje me lembro: ficamos na casa do prefeito. Na primeira noite de liberdade, dormi na cama da filha dele; ela havia deixado um vestido ali dependurado, que me serviu. O teto era verde-claro, com suásticas verde-escuras. Aquela era a primeira noite da liberdade e eu dormi com suásticas sobre minha cabeça, mas fiquei de costas para elas.

As pessoas em outras vilas tinham muito alimento – eram fazendeiros. O prefeito não era fazendeiro e não tinha muita comida no porão, então, mesmo com medo, fomos pedir aos russos. Eles nos deram "cartões de racionamento", os quais ainda guardo, para conseguirmos leite, pão e salsicha em uma loja.

Sempre tentamos manter contato com a outra vila (Trobitz). Nesse meio-tempo, os russos haviam entregado aos americanos listas com nossos nomes. Não lembro mais com exatidão, mas acho que foi em 15 de junho... Os americanos receberam permissão para nos levar em caminhões. Eles nos tiraram da zona russa e nos levaram a Leipzig, onde ficamos em uma escola durante dois ou três dias. Depois disso, viajamos por quatro dias em um maravilhoso trem americano até chegarmos à fronteira com a Holanda. Lá, recebemos comida, mas tínhamos que tomar cuidado para não comer muito – estávamos, todos, fracos demais. Foi a única vez na vida que comi carne de porco, carne de porco enlatada.

Na fronteira, fomos a um castelo bonito, enorme... Não recordo o nome, mas o castelo estava cheio de gente. Perguntamos: "Quem são eles?" E, no fim, eram membros da NSB (organização nazista holandesa que havia colaborado com os alemães). Os holandeses queriam enviá-los à Alemanha. Então eles precisavam nos ver quando chegássemos de lá. Isso, obviamente, não era nada agradável, mas não falamos com eles. E, no dia seguinte, eles foram levados embora.

Em Maastricht, todos passamos por exames. Encontraram algo na minha garganta, então não pude prosseguir. Tive que ir imediatamente para o hospital da cidade. Lá, conheci freiras católicas muito amigáveis e um médico indiano extremamente gentil. Fiquei internada de 1º de julho até setembro.

Mas recebi uma grande surpresa em Maastricht. Certo dia, disseram que eu tinha uma visita. Então, me preparei, me vesti com as roupas que tinha ganhado dos holandeses; havíamos sido adotadas por algumas famílias cristãs. Elas nos deram roupas e nos compraram alguns presentinhos – eram pessoas muito boas. E quem foi que apareceu ali, de repente, diante de mim?! O senhor Frank! Fiquei tão feliz! Mal podia esperar para lhe contar: "Sua filha está viva."

E ele respondeu: "Não."

O senhor Frank já tinha descoberto que ela não estava mais viva, mas eu não sabia disso porque, quando a vi pela última vez, ela ainda estava.

Ele tinha visto nossos nomes – o da minha irmã e o meu – em uma lista. Minha irmã já estava em um lar para crianças em Laren e ele a tinha procurado. E me contou tudo o que tinha acontecido com ele.

Começamos a pensar no que fazer. A mãe do senhor Frank vivia na Suíça, e ele conhecia meu tio lá. E tinha feito contato – as coisas não aconteciam da mesma forma como agora. O serviço de correios ainda não estava funcionando. O senhor Frank teve de viajar algo entre seis e oito horas de Amsterdã a Maastricht.

Dali em diante, tornou-se meu pai, cuidou de tudo. Em setembro, cheguei a Amsterdã e o senhor Frank cuidou dos papéis para irmos à Suíça. Sei a data exata: 5 de dezembro. Uso um colar com um pingente: de um lado está a rainha; do outro, o senhor Frank gravou: "5 de dezembro de 1945". Foi o dia em que ele levou a mim, minha irmã, uma amiga e a irmã dela à Suíça. Ele nos levou pessoalmente até o avião. Meu tio foi de Genebra a Zurique para nos buscar e o senhor Frank foi visitar sua mãe.

Na Suíça, primeiro fui para um sanatório, mas meu sonho era ir à Palestina, toda a minha criação havia sido direcionada nesse sentido. Na época, ninguém sonhava com um Estado judeu. Ou melhor: todos sonhavam, mas não acreditávamos que seria possível. Todos os meus esforços seguiam em uma direção: como posso chegar lá o mais rapidamente possível?

Mas a situação não era tão simples quanto apenas viajar à Palestina. Os ingleses permitiam um número limitado de imigrações, e meu tio não aprovava que eu fosse ilegalmente. Ele dizia: "Você já enfrentou o suficiente. Espere até conseguir um certificado". Era assim que chamavam.

Enquanto o documento não chegava, frequentei um colégio na Suíça por mais ou menos um ano e voltei a ver o senhor Frank. Eu visitava sua mãe com frequência. Como ela, eu vivia na Basileia. Sempre que ele vinha à cidade, eu o visitava.

Antes de ir a Israel, eu queria retornar uma vez mais a Amsterdã, saudável e bem, para ver tudo – a escola e onde nós vivíamos e, é claro, o senhor Frank. Ele foi comigo ver meu amigo do colégio que estava muito doente. Posteriormente, em Israel, mantive contato com o pai de

Anne – sempre. Era o "tio Otto". Continuamos nos correspondendo por carta todos os aniversários e todo Ano-Novo.

Em 1963, ele veio a Israel pela primeira vez e conheceu meus filhos. Ainda lembro que nós, toda a família, queríamos ir ao hotel em que estava hospedado. Mas ele disse: "Ah, não. Eu quero ver seus filhos, não quero? Crianças tem que ser vistas em seus próprios ambientes." Isso foi de uma enorme gentileza, então ele veio, viu as crianças e brincou com elas. Meus filhos eram loucos por Otto por conta de sua personalidade extraordinária.

Sempre mantivemos contato com Otto Frank e com sua segunda esposa, Fritzi. Voltamos a ser felizes. Já me perguntei: "Como posso viver assim, apenas no passado?". Aparentemente, ele conseguiu deixar tudo de lado. Não acredito que tenha sido um homem infeliz depois que tudo aquilo chegou ao fim.

Janny Brandes-Brilleslijper

Cheio de dúvidas, fiz minha primeira visita a Janny Brandes em sua casa à beira do rio Amstel, próxima ao teatro Carré, em Amsterdã. Apesar da minha insegurança, o lugar me deu coragem. Nascido e criado próximo ao Amstel, a menos de duzentos metros da casa de Janny, senti que estava em um ambiente familiar. Eu precisaria lançar mão de um esforço considerável e de todo o meu poder de persuasão para convencê-la a contar sua história. O diretor do Royal Institute for War Documentation, que só tinha conversado com ela por telefone, previu um caminho complicado à nossa frente. Ele estava certo. Muitas conversas aconteceram após aquela desconfortável primeira visita, e elas, por fim, levaram a uma relação de confiança e amizade. Um ano e meio depois, filmamos a entrevista em um único dia.

A relação de Janny com Anne e a família Frank teve início em 8 de agosto de 1944. Elas se encontraram na Estação Central de Amsterdã, ponto de partida das deportações para o campo de Westerbork. Janny havia sido presa porque trabalhava na resistência contra os nazistas. Ela nasceu em um ambiente socialista judeu, no coração do antigo bairro judaico de Amsterdã, mas casou-se com um não judeu. Desde o início, os dois lutaram como antifascistas contra os nazistas. No verão de 1944, ela foi presa com a família e várias outras pessoas que estavam escondidas em sua casa. O marido, Bob, e os dois filhos conseguiram escapar.

Janny manteve contato com Anne e Margot em Bergen--Belsen até o fim, em março de 1945. Ela usou sua personalidade forte e sua capacidade de realização para cuidar de pessoas doentes – isso se for possível falar em cuidados sob condições tão terríveis – graças a um curso de primeiros socorros que fizera certa vez.

Janny sobreviveu a Auschwitz-Birkenau e a Bergen-Belsen junto com a irmã, Lientje Rebling-Brilleslijper, uma cantora que se apresentava sob o nome de Lin Jaldati e que morreu em 1988 e na Alemanha Oriental. Em 1946, Janny escreveu a Otto Frank para avisá-lo das mortes de Margot e Anne.

JANNY BRANDES--BRILLESLIJPER

Nasci em 1916, em Nieuwe Kerkstraat, Amsterdã, próximo a Weesperstraat.[1] Meus pais eram donos de uma loja, uma mistura de mercearia e padaria. Eu tinha uma irmã mais velha e um irmão mais novo. Meu pai e minha mãe trabalhavam duro lá. Quando minha mãe ficava na loja, minha irmã ou uma ajudante tinha que cuidar das crianças, o que não quer dizer que tenhamos sido negligenciadas; havia laços muito fortes em nossa família. Meus pais usavam cada minuto de seu tempo livre para nos incluir em seus planos.

Nunca tivemos qualquer contato com as autoridades, e a vizinhança tinha a ver com isso. Morávamos no bairro judeu, mas não éramos praticantes. Não frequentávamos a sinagoga. Meu pai era, à sua moda, um socialista. Cantava no Stem des Volks (um coral socialista). Tinha uma voz maravilhosa e, desde que éramos muito novos, ele cantava todas as árias que conhecia para nós. Enquanto meu pai se barbeava, sua voz ecoava por toda a casa. Morávamos na sobreloja.

Nas noites de sexta-feira, meus pais fechavam a loja mais cedo e então o enorme lustre sobre a mesa era aceso e a mesa era posta. Isso

1 Janny Brandes-Brilleslijper faleceu em 2003. (N. E.)

não acontecia por motivos religiosos; era uma tradição. Quando, ainda jovens, fazíamos visitas às pessoas e elas perguntavam se gostaríamos de ficar para comer, eu sempre perguntava: "Hoje é sexta-feira?". Porque às sextas-feiras sempre íamos para casa. E, mais tarde, quando já éramos maiores e mais independentes, íamos para casa nas noites de sexta e convidávamos amigos para desfrutar daquela atmosfera.

Meu pai era um contador de histórias maravilhoso e, nas sextas-feiras à noite, sempre contava alguma passagem da Torá. Não que quisesse parecer religioso, mas achava que isso simplesmente era parte da nossa criação. Começava com Adão e Eva e falava sobre todo tipo de experiência louca que os dois tiveram no Paraíso. Eu contava com frequência a meus filhos que Eva deixou Adão morder a maçã e aí, de repente, a voz retumbante de Deus falou: "Adão, o que você está fazendo?". E Adão respondeu: "Ah, Deus, dando uma olhada por aqui, mas não me atreverei a sair porque estou completamente nu!", e aí começou a Queda do Homem.

Foi assim que aprendemos como tudo se encaixava. Éramos fiéis, mas não éramos religiosos. Em nossa formação, sempre existiu nosso próprio Deus, pois Deus não estava presente; mas, ainda assim, Ele estava. Quando minha mãe se sentia particularmente preocupada com alguma coisa, dizia: "Ó, Deus. Ó, Deus! Mãe, me ajude, por favor". Era tão característico dela!

Crescemos nesse ambiente caloroso e atencioso, apesar de todas as pressões provenientes do fato de nossos pais trabalharem. E aprendemos a pensar com independência quando ainda éramos muito jovens.

Éramos sócios de um clube de ginástica; minha irmã tinha uma amiguinha que fazia parte do Hatza'ir, uma organização sionista, e ela me levou a esse grupo. Também me tornei membro do Hatza'ir. Lá, conhecemos os conceitos de justiça e injustiça, porque nunca tínhamos nos deparado com as discriminações e as doenças do mundo. O racismo... Você não o percebe até ficar mais velha.

Por exemplo, quando não morávamos mais na Kerkstraat, e sim na Marnixstraat, nosso pai trabalhava na parte de hortifrúti do supermercado atacadista do meu avô. No Hatza'ir, havia crianças cujos pais eram intelectuais e pessoas de posições mais altas, entre as quais não pertencíamos, já que éramos filhos de comerciantes. Estudamos nos melhores colégios em que nossos pais puderam nos matricular, mas ainda existia uma diferença de classe que nos mantinha apartados. No Hatza'ir, estávamos com filhos e filhas de advogados e médicos, mas nos saíamos melhor do que eles. E eles nos olhavam torto porque éramos filhas de comerciantes. Eu não me sentia diminuída por isso. Aliás, protestei muito indignada quando, pela primeira vez, com treze ou catorze anos, me vi diante de tamanha arrogância.

Eu já havia entendido o fato de que era judia, porque vivíamos na Marnixstraat, em um bairro abertamente não judeu, onde ficava o mercado e onde estudávamos. Estudei no Canal Prinsengracht, na Escola Elisabeth Wolff. Posteriormente, minhas netas estudaram nessa mesma escola preparatória, o que me alegra muito.

Meus pais prestavam muita atenção em nossa pronúncia do holandês. Minhas primas, que viviam no bairro judeu, falavam um iídiche com um sotaque mais pronunciado de Amsterdã. Éramos provocados nas reuniões de família. Com frequência, visitávamos meu avô, que vivia perto do orfanato judeu na Rapenburgerstraat. Quando olhávamos pela janela da casa dele, víamos alguns meninos órfãos no pátio. Às vezes, eles subiam nas escadas de incêndio e tomavam sermão. Isso acontecia com muita regularidade.

Éramos estimulados a praticar outras atividades. À sua maneira, meus pais eram progressistas. Meu pai, afinal, era socialista. Eles enfrentaram uma discussão terrível com os pais da minha mãe, que pensavam que meu pai não era suficientemente refinado. Então, em 1º de maio, meus pais fugiram juntos e se casaram na Corte Distrital, só para deixarem claro o que pensavam de tudo aquilo.

Planejaram cuidadosamente quando quiseram ter filhos. A New Malthusian League[2] ainda não existia, mas, depois que ela surgiu, meu pai se tornou um membro, o que mais uma vez deixava claro seu lado progressista. Todos os filhos nasceram com quatro anos de diferença. Minha irmã é quatro anos mais velha; meu irmão, quatro anos mais novo. Foi um planejamento preciso.

Na época, de acordo com a sabedoria popular, as meninas não precisavam estudar. Elas tinham que aprender uma profissão. Os meninos podiam fazer o colegial. O papel das mulheres era o de se casar; portanto, era um desperdício gastar dinheiro com elas. Mesmo assim, precisavam saber muitas coisas.

Depois da educação básica, cheguei a fazer o colegial por algum tempo; mas, como eu era um pouco feroz e implacável, e como meu pai discutia com os professores, não tive permissão de continuar frequentando a escola. Eu provavelmente também era vista como "aquela menina judia", o que levou meu pai a me defender e a discutir com um dos professores, que deu meia-volta e ameaçou: "Vou dar um jeito em vocês."

Meu pai me disse: "Se não quer estudar, então vá ganhar seu sustento. Não sei como vai fazer isso. Vou ajudá-la no começo, mas depois você terá que trilhar seu próprio caminho." Não acho que ele tenha sido imoderado. Eu era terrivelmente desafiadora e fiquei muito brava com ele. Minha irmã, Lientje, ficou ao meu lado, porque sempre estávamos juntas. Mas acredito que, acima de qualquer coisa, ele estava certo.

Para dizer a verdade, não aprendi uma profissão. Com catorze anos, fui colocada em uma oficina de costura, mas, como tinha pouquíssima paciência, não fiquei muito tempo ali. Aguentei apenas seis meses.

Muito desmedida, fiz um pouquinho de tudo. Trabalhei vários anos em um laboratório farmacêutico e cosmético e achei a experiência muito interessante. Conforme ganhávamos dinheiro, podíamos fazer cursos. Fiz aulas de primeiros socorros – retomarei isso mais adiante – e aprendi

2 A New Malthusian League foi uma organização britânica que defendia a prática da contracepção e a educação sobre a importância do planejamento familiar. (N.T.)

inglês, francês e um pouco de alemão. Com frequência tínhamos funcionários alemães, então foi fácil aprender essa língua.

Com o passar do tempo, acabamos nos distanciando do sionismo, no qual a posição social importava demais. Minha irmã tinha um amigo cujos pais eram muito respeitados. O garoto fazia o secundário e planejava estudar Medicina. A mãe dele deixou muito claro para minha irmã que ela não era a parceira certa para seu filho, um futuro médico.

Enquanto trabalhava no laboratório, deixei de ser sionista e me transformei em comunista. Bem, "comunista" não seria a melhor palavra para descrever. Não me filiei ao partido até o início da guerra; e deixei o partido logo depois da guerra. "Marxista" seria um termo melhor, por causa da ideia de Marx de que todas as pessoas deveriam trabalhar de acordo com suas habilidades e receber de acordo com suas necessidades. Essa é uma boa solução. Ainda hoje acredito que essa seja uma boa solução.

Durante esse período, conheci Bob, que tinha morado por um mês no prédio da minha irmã e era dançarino no National Revue. Bob vinha de Haia e trabalhava como aprendiz; tinha um quarto na casa que Lientje havia alugado de uma atriz que passou uma temporada de um mês no palco do teatro Stadsschouwburg com o National Revue. Eu fazia aulas de dança popular nessa época. Já tinha deixado o movimento sionista e sentia que tínhamos que entender que nosso espaço era junto aos trabalhadores e não ao lado da nata da sociedade, que tínhamos que lutar por uma sociedade melhor. Bob era membro da diretoria do SDSC, a Associação Social Democrata dos Estudantes. Debatíamos o tempo todo e eu nunca concordava com ele.

Nosso casamento foi um estranho desenrolar de fatos; a família dele não queria que o filho mais velho, que ainda estudava, se casasse com uma judia. Mas finalmente acabaram aceitando a ideia. Precisávamos nos casar. Fomos morar juntos em Haia em janeiro de 1938; em 1939 estávamos casados. Dois meses depois do casamento, Rob nasceu. Meus pais tiveram o maior choque de suas vidas. Ficaram muito descontentes – prefeririam que as coisas tivessem sido diferentes.

Em 1939, estávamos diante da Alemanha de Hitler. No primeiro ano depois que nos casamos e passamos a morar juntos, já oferecíamos abrigo aos *onderduikers* (pessoas que viviam nos esconderijos). Alexander de Leeuw, diretor da Pegasus, uma editora comunista, escondeu-se em nossa casa naquele inverno. As coisas ficaram muito tensas até 10 de maio [de 1940].

Já estávamos convencidos há alguns anos de que a guerra explodiria. Deduzimos com base nos relatos de pessoas à nossa volta. Sempre tivemos esperança de que ela não acontecesse. O 10 de maio foi um dia magnífico, com um clima glorioso. O sol já brilhava logo cedo, [o céu] era de um azul radiante e ouvimos um alvoroço, um barulho que não conseguimos reconhecer. Ligamos o rádio e descobrimos que a guerra havia começado. Ficamos morrendo de medo.

Não tínhamos experiência com a clandestinidade, mas muita coisa precisava ser feita imediatamente. Num primeiro momento, achamos que os ingleses ofereceriam apoio e expulsariam os *Moffen* (expletivo holandês para "nazistas"), mas, depois de um ou dois dias, percebemos que isso não aconteceria. Morávamos perto do palácio e vimos a família real sair em seus carros. Naquele momento, nos demos conta de que o país seria ocupado.

E entendemos plenamente quais seriam as consequências. O fato era que, com o auxílio da Cruz Vermelha, já tínhamos ajudado uma grande quantidade de refugiados. Tentamos tirar o maior número possível deles da Alemanha. Sabíamos do perigo que nos ameaçava. Quanto a isso, não restava dúvidas, conforme logo seria confirmado.

Não tentamos escapar. No meio da guerra, ainda existia a possibilidade de irmos para a Suíça, mas não se pode abandonar sua casa assim, desertar. Se a luta é inevitável, então você precisa ficar e lutar. Isso sempre foi uma verdade. E foi assim durante toda a guerra. Você precisa ser verdadeiro consigo mesmo, nunca ser algo que não é. E não pode enganar-se. Acreditávamos nisso. Fizemos o que tínhamos que fazer, o que podíamos fazer. Nem mais, nem menos.

Nesse meio-tempo, Bob havia conseguido um trabalho no governo, primeiro no departamento de petróleo, depois no escritório central de abastecimento alimentar. Foi assim que conseguimos nos manter. Mas ele teve que interromper os estudos.

Estivemos, desde o início, envolvidos com as atividades de resistência. Ficar em um esconderijo não era opção para nós. Em primeiro lugar, Bob não era judeu; em segundo, tínhamos um filho. Na verdade, eu jamais fiquei num esconderijo. Isso é a maior loucura de toda a situação. Quando Bob recebia questionários no trabalho pedindo para informar se ele ou alguém na família era judeu, nós os líamos juntos, e até hoje me lembro de sua expressão de nojo enquanto pegava os papéis pelo canto, abria a tampa de nosso forno e os deixava lentamente cair no fogo. "O que você vai fazer agora?", eu perguntava. E ele dizia: "Não vou preencher nada. Nem eu, nem você. Não quero estar ligado a isso. Quanto ao que vai acontecer conosco? Isso ainda veremos". Então, em nossa indignação, sem sequer nos darmos conta, enfrentamos a situação da forma certa, porque nunca apresentei meu documento de identidade. E, até o dia em que fomos presos, eu usava esse mesmo documento em minha vida cotidiana. Isso não é excepcional? Na verdade, deveríamos ter dito a muitas pessoas que, acima de tudo, elas não deviam fazer nada. Afinal, eu acreditava ser um erro fundamental sentir-se forçado a se entregar por medo de que alguém pudesse fazê-lo.

A primeira pessoa a se esconder em nossa casa foi Alex de Leeuw, que acabou preso logo depois. O Partido Comunista passou a viver na clandestinidade depois da agitação de 10 de maio e da prisão e soltura subsequente dos comunistas. Já tínhamos recebido informações de nossos camaradas alemães de como as coisas tinham ficado. Mas é claro que cometemos erros enormes, porque não sabíamos quem estávamos enfrentando. Uma quantidade enorme de vítimas sofreu por conta de nossa falta de tato, de nossa ignorância, por termos subestimado aquele mal. Porque o fascismo é o mal. E ele existe ainda hoje! É o pior mal do mundo. Colocar as pessoas umas contra as outras por motivos como cor da pele ou porque alguém tem um pouco mais do que o outro...

Nós nos opusemos desde o primeiro momento. Morávamos em cima de uma gráfica, a Van Buchheim & Woerlee, onde os panfletos do NSB (os nazistas da Holanda) eram impressos. Tínhamos um apartamento grande, onde podíamos esconder muitas pessoas. E foi o que fizemos. No primeiro ano da guerra, mais ou menos três meses depois do início do conflito, mimeografamos um panfleto em uma máquina manual que escurecia as mãos; era necessário encaixar o estêncil com precisão.

O panfleto intitulava-se *Signal* e nós o distribuímos em Haia. A reação foi grande. Não oferecíamos nenhum endereço, obviamente; fazer isso teria sido perigoso demais. Mas todos nos reunimos para ajudar.

Logo depois, alugamos uma casa no Schilderswijk (o bairro dos artistas) para criarmos uma gráfica, pois precisávamos de mais espaço.

Nossos contatos com Amsterdã quase caíram por terra com a greve de fevereiro (um protesto público contra as leis nazistas antissemitas), quando um número impressionante de pessoas foi preso; um a um, todos os nossos intermediários foram presos. Ficamos com um pouco de medo das pessoas que os substituíram, porque não dava para saber ao certo quem eram. A gente se perguntava: "Podemos confiar nele?". Mas simplesmente tínhamos de confiar as senhas, ou então teríamos de desistir ali.

E assim levávamos a vida, em meio à clandestinidade. Meu irmão mais novo, que na época estava no colegial, não podia mais frequentar a escola. Ele abriu um estacionamento de bicicletas com um amigo. Correspondências e pacotes para várias pessoas que trabalhavam na Resistência eram discretamente deixados e retirados no estabelecimento.

Em 17 de agosto de 1941, ou seja, depois da greve de fevereiro, fizeram uma busca em nossa casa. Os panfletos com os quais estávamos envolvidos haviam sido distribuídos em Haia, mas, na ocasião, todos os contatos tinham desaparecido. Eu esperava meu segundo filho, que nasceria em breve. Eles viraram a casa toda de cabeça para baixo. O que procuravam estava guardado na cozinha, em potes na última prateleira. Era um lugar realmente ridículo. Fazia um calor enorme naquele dia e eles iam o tempo todo à cozinha para beber água. E a cada vez eu tinha um ataque.

A investigação da casa foi conduzida pela SD e também pelos oficiais holandeses. Muito assustador. Eles saquearam nossos armários de livro e levaram algumas obras ridículas. Eu tinha uma cópia de *Little Johannes*, de Frederik van Eeden, na prateleira. Havia sido encadernada em couro vermelho por um amigo que era encadernador. Acho que levaram esse livro porque era vermelho. Destruíram a cama para ver se existia algo escondido dentro dela. Mas tudo o que procuravam estava nos potes e nas panelas sobre a prateleira da cozinha e, felizmente, eles não procuraram lá. No fim, tudo deu certo. Durante toda aquela noite, mantive o fogo aceso no forno para queimar todos aqueles valiosos papéis.

Nossa filha nasceu três semanas depois. Era um momento complicado. Bob foi para o esconderijo no dia em que fizeram a revista na casa. Eu não tinha motivos para ficar em um esconderijo. Era apenas uma mãe com dois filhos pequenos. Logo depois, recebi meu irmão mais novo, meu pai e minha mãe em casa. Para mim, era algo bastante natural. Aconteceu da seguinte forma:

✡

No inverno de 1941-1942, todos fomos a Amsterdã para visitar meus pais. As coisas iam muito bem até então. Mas, na primavera de 1942, meu irmão teve de ir embora. Foi avisado pela polícia na Jonas Daniël Meyerplein de que os nazistas estavam em busca dele. Então, sem pensar duas vezes, meu irmão simplesmente entrou em um trem e foi para a casa de nossa irmã em Haia. Éramos realmente ingênuos. Depois disso, levaram nosso pai como refém. Ele não enxergava direito e tinha passado por duas cirurgias complicadas no olho. Para nós, ele era um homem realmente velho. Na verdade, não era, pois tinha cinquenta, cinquenta e poucos anos; e agora, agora que tenho mais de setenta, percebo isso. Conseguimos livrar nosso pai com a ajuda de Benno Stokvis, um advogado mestiço de judeu que sabia lidar com os nazistas.

Quando meu pai foi solto, Stokvis nos instruiu a levar meus pais ao esconderijo, porque os nazistas certamente retornariam. Simplórios como éramos, nós os levamos a Haia – de fato, inacreditável. Eles estavam com sua filha! Logo depois, vieram aquelas fortes buscas. Meus pais realmente tiveram sorte. O bairro deles, o Nieuwe Achtergracht, onde havia algumas pessoas um pouco mais abastadas, foi destruído pelos nazistas.

Então, estávamos todos juntos em Haia. Continuei envolvida com o trabalho da Resistência, removendo os "J" dos PBs. "PB" era um documento de identidade. Nós apagávamos o J raspando com uma faca bem afiada. As pessoas tocavam a campainha e diziam:

"Brandes mora aqui?"

"Sim?"

"Você poderia remover o J da minha identidade?"

A situação estava tão perigosa que, certa manhã, meu pai ameaçou: "Se você não parar com isso imediatamente, vou me entregar."

Então, tínhamos que encontrar uma saída. Meu cunhado, Jan, cuja família vivia em Bergen, arrumou uma casa na cidade. Então, recebi aprovação oficial para me mudar para Bergen, e Lientje e seu marido, Eberhard, mudaram-se comigo. Ele tinha cidadania alemã. Inicialmente, conseguiu escapar do serviço militar por adotar uma dieta especial prescrita por um amigo médico. Mas depois, na convocação seguinte, ele foi para o esconderijo.

Então chegamos à casa de veraneio em Bergen. E Eberhard e Lientje estavam a uma curta distância, em outra casa de veraneio, também obtida por meio de Jan.

Porém, em 1943, Bergen foi evacuada. Mentalmente, estávamos no limite. O que fazer agora? Enquanto pensávamos, permanecíamos juntos. Eu tinha mais ou menos sete pessoas em casa. Lientje e Eberhard também estavam abrigando duas pessoas consigo na casa de veraneio. Além dos judeus, outros estavam sendo presos – pessoas que tinham se abrigado em esconderijos ou que seriam enviadas para a Alemanha. Ouvimos muitos tiros em Bergen, pois havia um campo nazista lá – uma base militar e um pequeno aeroporto militar.

Tínhamos oficialmente nos mudado para Bergen, mas como poderíamos chegar mais longe? Todas as áreas para as quais poderíamos ir estavam bloqueadas. Então, meu cunhado, Jan, por meio de contatos, arrumou uma casa em Huizen. Ela pertencia a duas jovens estudantes, ainda menores de idade. O próprio Jan estava estudando na época. Recebemos permissão para nos mudarmos para Huizen. Então, mais uma vez, nos mudamos legalmente.

Enquanto isso, Bob deixou o esconderijo em Bergen e se uniu a nós. Por meio de intermediários, conseguiu de volta seu trabalho no escritório de abastecimento alimentar e seria transferido ou para Laren, ou para Blaricum. Foi assim que recebemos permissão para viver em Huizen. Tudo era oficial. Nesse meio-tempo, Eberhard e Lientje haviam se tornado senhor e senhora Bosch, com um filho asmático, e puderam se mudar conosco. Viveram de forma parcialmente legal conosco. Os outros *onderduikers* que moravam em nossa casa... bem, nós simplesmente os levamos.

A casa era chamada de Ninho Alto e ficava na Driftweg. Era uma casa muito grande, em uma extensa área de terra cercada por árvores; o terreno chegava perto da água. Ali, vivemos todo tipo de aventura possível com nossos *onderduikers*.

O trabalho simplesmente continuava. Bob trabalhava no escritório de abastecimento alimentar e conseguia roubar comida para os que viviam na clandestinidade; afinal, todos precisavam comer. Eu também trabalhava como mensageira. Viajava de um lado a outro entre Utrecht, Amsterdã e Haia, normalmente levando uma criança comigo.

Certo dia, no verão de 1944, eu tinha que estar em Amsterdã, no escritório de registros, onde pessoas com documentos de identidade autênticos tentavam conseguir documentos de pessoas que já tinham morrido, mas ainda não haviam sido registradas como mortas pelo escrivão. Era uma forma muito segura de ajudar as pessoas a conseguirem acesso a boas carteiras de identidade. Aquelas que acabavam presas alegavam que seus documentos de identidade haviam sido forjados – o que não era verdade. Mas diziam isso para proteger os outros.

Retornei a Huizen com meu filho e duas sacolas de material. Estava muito nervosa porque meu compromisso em Amsterdã não havia dado certo. Tínhamos concordado em nos encontrarmos na Roelof Hartplein. Ainda consigo me ver esperando ali, com uma criança de quatro ou cinco anos que ficava cada vez mais impaciente.

No caminho de volta, em Weesp, peguei um pouco de trigo para o jantar. Em casa, havíamos combinado um sinal. Havia um grande vaso chinês na parte da frente da janela, em um dos andares superiores. O acordo era que o vaso seria retirado se houvesse perigo, então, quem chegasse em casa saberia que a situação não era segura. Naquele dia, eu não era a única envolvida com o trabalho clandestino. Vários mensageiros nos visitaram. Nenhum sabia da visita dos outros.

Não sei quem nos traiu. Todos estavam dentro de casa quando cheguei com o trigo. De fato, percebi que o vaso não estava lá, mas minha filha continuava dentro de casa. Acho que ninguém fugiria diante dessas circunstâncias.

Rob, meu filho, correu em direção à porta principal. Tive que mandá-lo na frente para pedir a alguém que me ajudasse a levar as sacolas, pois estavam extremamente pesadas. Deixei-as atrás dos arbustos e segui em frente. Toquei a campainha – uma sensação estranha, tocar a campainha da própria casa. Abriram a porta. Um homem perguntou:

"Quem é você?"

Imediatamente respondi: "Devo perguntar quem é *você*."

Ele me puxou pelo braço para dentro e me deu um tapa na cara. Rob estava ao meu lado e gritou: "Mamãe!"

É claro que aquilo me entristeceu. Era uma situação terrível. Tínhamos *onderduikers* em todos os quartos da casa. Meu irmão mais novo havia criado um esconderijo em cada quarto, uma forma de escapar se houvesse perigo. Também contávamos com um sinal de alarme. Sob o carpete, nas escadas, havia um sino que você podia acionar com o pé, e isso disparava um alarme que soava em todos os quartos. Então, todos sabiam que havia algo errado. O sino havia, de fato, sido usado, e a maioria do pessoal tinha entrado em seus esconderijos. Eles já tinham me pegado, assim como Lientje e Eberhard, que estavam no andar inferior. Tentamos nos comunicar por contato visual, mas não havia para onde se virar.

Minha filha estava doente; tinha febre e precisamos chamar o médico. Ele pôde levar as crianças – todas as três. Ou seja, Katinka, filha de Lientje, também foi. O médico hesitou entre dizer sim e não, porque só sabia em parte do esconderijo em nossa casa. Mas, no fim, as crianças puderam ir com ele. Mais tarde, isso causou certa dificuldade, porque, quando meus sogros foram buscar as crianças, tiveram de raptar Katinka, já que os nazistas haviam descoberto que ela era filha de uma judia que não havia se casado. Os nazistas tentaram recuperar a criança, mas graças a Deus não conseguiram.

Sabíamos que os policiais de Huizen eram boa gente e que tinham avisado Bob no trabalho para não ir para casa até mais tarde. Depois, o médico telefonou para ele para informar que estava com as crianças. Bob as levou para a casa de seus pais.

Os nazistas haviam feito buscas por dias antes de encontrarem todas as pessoas que viviam nos esconderijos. Não era tão fácil encontrá-las. Algumas estavam ali há três dias. E passavam fome porque, embora houvesse uma quantidade pequena de alimento nos esconderijos secretos, não havia suficiente para três dias. E eles também precisavam fazer suas necessidades.

No final, todos foram capturados. Num primeiro momento, fomos levados à fortaleza de Naarden; depois, um a um, fomos levados, via Marnixstraat, à Euterpestraat, em Amsterdã. Quando Loes e Bram Texeira de Mattos e seus filhos (*onderduikers* que viviam conosco) e eu chegamos, Lientje e Eberhard já estavam lá. Fomos interrogados por dias a fio. Eberhard, alemão, e Janny Brandes-Brilleslijper, judia. Eles não conseguiam entender a ligação entre os dois.

A essa altura, Lientje já tinha partido. Eles interrogaram Eberhard e a mim e tentaram nos colocar um contra o outro. Não conseguiram. No quartel da polícia, permitiram que ficássemos juntos durante as noites, e essa foi nossa salvação. Assim saberíamos o quão longe poderíamos chegar no dia seguinte. Tentávamos falar o mínimo possível.

Fui interrogada até o momento em que Eberhard escapou. Depois disso, cegos pela raiva, eles simplesmente me espancaram, mas não fui mais interrogada. Se tivessem continuado a me bater, talvez eu tivesse contado coisas que não queria contar. Nenhum de nós entregou o outro. Não sei se isso é motivo de orgulho ou não. Não colocamos ninguém em perigo.

Da última vez em que fomos levados de nossa casa em Marnixstraat – tínhamos de ir a Spaarndammerdijk –, Eberhard saltou do carro da prisão. Segurei o guarda apenas tempo suficiente para Eberhard chegar o mais longe que conseguisse. Então o cara me empurrou e começou a gritar, mas Eberhard já tinha desaparecido. Fui levada à delegacia de Spaarndam.

Desmaiei e o policial me vigiou até os nazistas voltarem, então retornamos a Euterpestraat. Eles começaram a expressar sua raiva contra mim no elevador. Fui espancada e lançada contra as barras de ferro do elevador. E me bateram mais. Eram alemães. Willy Lages, chefe da SD alemã em

Amsterdã, pisou com suas botas em minhas pernas. Eles realmente me agrediram e machucaram minha perna, mas não voltaram a me interrogar.

Depois de ter sido espancada, fiquei trancada em um porão da Euterpestraat durante 24 horas – para mim, uma eternidade. Quando apareceram para me tirar dali, pensei: "Agora serei fuzilada. Fazer o quê..." Em meus pensamentos, cheguei a me despedir de tudo. E então, para minha surpresa, fui levada para a prisão de Amstelveenseweg.

Ali, parecia que não sabiam nada a meu respeito. Simplesmente fui colocada em uma cela, onde fiquei por mais ou menos seis semanas. Havia seis pessoas – às vezes até oito – comigo naquele espaço construído para abrigar apenas duas pessoas. Uma mulher, Tante Betje, de Jordaan (um bairro da classe trabalhadora de Amsterdã), havia sido presa e não conseguia entender o motivo; ela só tinha dois avôs judeus. Dá para acreditar?

De manhã, tínhamos um pequeno copo de água para fazer a higiene. Então, Tante Betje gritava: "Garotas, lavem suas bocetas!". Nós morríamos de rir. Nem tudo eram lágrimas. Tentávamos animar umas às outras.

Certo dia, no início de agosto, fomos levadas para fora das celas, logo cedo. Era uma manhã calma de verão, o tempo estava bom, o sol brilhando, o orvalho da manhã e o clima frio da noite ainda presente na atmosfera da cidade. Sob guarda, deixamos a Amstelveenseweg e tomamos um bonde rumo à Estação Central. Entramos pela porta lateral e depois andamos pelos paralelepípedos até chegarmos à plataforma.

Ao mesmo tempo, outro grupo de mulheres chegou. Entre elas estavam Anne Frank e sua família. Fiquei impressionada com as duas garotas usando roupas esportivas, com moletom e mochila, como se estivessem prestes a embarcar para as férias de inverno. A situação era um tanto irreal – o silêncio da manhã e todas aquelas pessoas sendo levadas ao trem.

A locomotiva tinha compartimentos fechados por portas de ambos os lados. Você entrava e se sentava em algum lugar. Observei atentamente as garotas, mas não conversamos durante a viagem.

Quando chegamos a Westerbork, estávamos terrivelmente abaladas, afinal, não sabíamos para onde estávamos sendo levadas. Voltamos a nos ver outra vez na plataforma. Naquele dia, todos fomos trancados nos galpões "S" (os galpões de punição), inclusive a família Frank. Reencontrei minha irmã ali, e também meus pais e meu irmão, então não prestamos muita atenção ao que acontecia à nossa volta. Mesmo assim, uma família como aquela, com duas filhas... Sabíamos que eles estavam ali, que haviam passado por um esconderijo. Uma pena enorme terem sido pegos no último minuto.

De vez em quando, conversávamos uns com os outros. Por exemplo, quando estávamos desmontando baterias... Era um trabalho muito sujo e ninguém entendia o motivo de fazer aquilo. Tínhamos que abrir baterias com um cinzel e um martelo e depois jogar o alcatrão em um cesto e as barras de carbono, que tínhamos de remover, em outro cesto. Precisávamos extrair as tampas de metal com uma chave de fenda e elas iam para um terceiro cesto. Além de nos sujarmos muito com o trabalho, todos começamos a tossir porque as baterias soltavam bastante poeira. A parte agradável era o fato de podermos conversar. Era uma atividade tão sombria a ponto de podermos dividir nossos pensamentos.

Sei que minha irmã, Lientje, em especial, tinha contato com a mãe das garotas, Edith Frank. Anne e Margot também estavam lá. Ficávamos sentados em mesas compridas enquanto abríamos as baterias. E conversávamos e ríamos. Você mantinha suas dores para si, porque nunca falava sobre assuntos de natureza mais séria. Era impossível saber se estava colocando outra pessoa em perigo.

A essa altura, pensávamos que não haveria outro transporte. Por meio da IPA (Agência de Imprensa de Israel) – era assim que chamávamos os rumores, as bobagens pegas no ar, mas a IPA nos dava informações...

bem, como eu dizia, por meio dela soubemos da aproximação dos russos e do avanço dos americanos e que os ingleses estavam quase chegando a Arnhem. Essa última informação era verdadeira, mas não sabíamos disso.

De repente, chegou a notícia alarmante de que haveria outro transporte e todos ficamos terrivelmente assustados. Todo mundo tentava evitar o transporte. Um deles inventou todos os tipos de doenças estranhas e terríveis porque em Westerbork havia os melhores cirurgiões e médicos, que estavam preparados para fazer muito pelas pessoas. Porém, como estávamos nos galpões "S", praticamente não tínhamos contato com eles. Uma das histórias da IPA que chegou aos nossos ouvidos dizia que a liberdade estava próxima e que só demoraria um pouquinho mais para sermos libertados. Então veio o transporte. E o desespero tornou-se muito maior porque haveria pouca chance de estarmos vivos antes da libertação.

Sabíamos que Auschwitz era um campo de extermínio, portanto, tínhamos ideia do que esperar. Fazíamos de tudo para evitar esse destino. Éramos presos políticos, então tentávamos esconder o fato de que éramos judeus. Benno Stokvis tinha tirado meu pai da cadeia com o pretexto de que minha mãe, cujo nome era Gerritse, não era judia. Da mesma forma, tentávamos ser considerados presos políticos para não sermos levados para os campos de trabalho judeus. Sabíamos que o trabalho no campo judeu significava o fim. Embora fossem escassas, havia informações sobre os campos. Então, enquanto éramos transportados, só esperávamos que nosso destino não fosse Auschwitz, Treblinka ou Majdanek – campos de concentração que, naquela época, já carregavam uma fama horrível.

Quando fomos convocados para o transporte, uma espécie de pânico se instalou. Todos tentaram se esconder atrás de outras pessoas ou, por meio de outras pessoas, conseguir dispensa ou, no mínimo, uma postergação. Cada dia que você conseguisse ganhar, podia protegê-lo e permitir que continuasse na Holanda até a libertação finalmente chegar. Naquela época, todos corriam de um lado para o outro. Sei que Otto Frank tentou de tudo. Tinha a ilusão de poder ir a Theresienstadt.

Muitas pessoas pensavam que estariam mais seguras, mais protegidas, em Theresienstadt. Isso acabou se provando uma esperança vazia.

Então, antes do último transporte, todos fizeram seu melhor para se salvar. Nós apenas tentamos permanecer juntos. Sabíamos que algumas pessoas que conhecíamos tentariam pular do trem, então tentamos entrar nos vagões com elas para que também pudéssemos arriscar. Mas, quando chamaram os nomes, tudo deu errado. Abraçamos nossos pais pela última vez. Meu irmão foi com eles.

Minha irmã Lientje e eu ficamos juntas, pois éramos presas políticas. Por isso não fomos no mesmo vagão de gado com meus pais. Não fizemos esforços para ir com eles; afinal, se alguém escapasse, toda a família seria punida. Era parte do procedimento.

Imaginamos que nós e nossos pais estávamos o mais seguro possível. Se a guerra estivesse para acabar, achamos que eles sairiam vivos, afinal, não eram tão velhos assim. Em Auschwitz, nós os vimos uma vez, de longe, na plataforma da estação.

Durante a viagem, ficávamos em pé – ou tentávamos nos sentar. Algumas pessoas levavam banquinhos. Todos levavam pertences em um saco ou em uma mochila. E também um pouco de dinheiro. Ironicamente, mais tarde, usamos o dinheiro que conseguimos levar para limpar o traseiro. Simplesmente não tínhamos outro papel. Rasgávamos notas de dez florins em quatro para poder usá-las quatro vezes. E era melhor assim, porque não é nada agradável ficar com o traseiro sujo.

Mas no trem, é claro, tudo era bem diferente. Ficávamos pressionados uns contra os outros. Havia grandes fendas nos vagões e duas grades bastante enferrujadas que deixavam um pouco de luz entrar. Se você por acaso parasse ao lado de uma dessas passagens de ar, tinha um pouco de alívio do fedor, mas podia pegar um resfriado por conta do vento frio.

A família Frank estava conosco no vagão, mas só conversei com minha irmã. Protegíamos uma à outra contra os empurrões e a agressividade. Quanto mais tempo a viagem demorava, mais beligerantes as pessoas se tornavam. Simplesmente era assim. Você não podia se abalar com isso, porque até mesmo a mais gentil e equilibrada das pessoas se torna agressiva quando atura uma situação como aquela por tanto tempo. E você se cansa, se cansa tanto que só quer encostar-se a alguma coisa ou, se possível, mesmo que por apenas um minuto, sentar-se sobre a palha. Aí você se senta e é pisoteada por todos os lados porque está sentada. Todos aqueles pés e aquele barulho à sua volta a deixam agressiva – é desnecessário explicar isso. E aí você também começa a empurrar e bater. É inevitável. Mas Lientje tentava manter um pequeno espaço aberto para mim e eu tentava fazer a mesma coisa por ela. Perto da tranca das portas, havia um buraco pelo qual era possível ver a paisagem. Se você tivesse sorte suficiente para avistar o exterior sem ser empurrada para longe, podia respirar um pouco e tentar organizar os pensamentos.

Com "organizar os pensamentos" quero dizer que você passa o tempo todo com a cabeça agitada, pensando: "Como posso manter os pés no chão? Posso me sentar agora por um minuto? Como vou conseguir passar pelo meio daquelas pernas? Preciso cuidar para Lientje não empurrar aquele homem, ou então ele vai dar um soco nela". Não éramos as únicas pessoas com esse tipo de pensamento. Por aquele buraco, era possível ver a maravilhosa paisagem. Passávamos por plantações de milho arrebatadoras. Tudo era tão tranquilo, e o tempo tão maravilhoso que, por um instante, você esquecia que estava sentada em um vagão de gado e que havia uma guerra acontecendo.

Não sabíamos para onde o trem estava indo. Disseram-nos que estávamos a caminho de Wolffenbüttel. Disseram-nos que não chegaríamos tão longe porque os russos estavam praticamente em Berlim. Avançar tanto dentro da Alemanha seria impossível. Então, provavelmente não estávamos a caminho da Polônia. Polônia, ir para a Polônia, esse era nosso maior medo.

Contudo, parados na plataforma de carga em Auschwitz, soubemos que estávamos na Polônia.

Quando chegamos, estava escuro. Para começar, passamos pelos portões. A primeira coisa que avistamos foi o infame letreiro: ARBEIT MACHT FREI.[3] No ar, havia um silêncio opressor. Passamos por muitas torres de observação, casinhas cercadas por arame farpado e postes de eletricidade muito altos. Todos imediatamente se deram conta de onde estávamos. Era uma loucura, o momento em que percebíamos. Sim, aquilo era um campo de extermínio. Assustador, horrível.

Estávamos morrendo de cansaço porque havíamos passado quatro dias dentro do trem. Naquele momento, começou: "*Dallie, dallie, dallie*" (andem, andem, andem), "*alles hinaus*" (todos para fora), "*schneller, schneller, schneller*" (mais rápido, mais rápido, mais rápido). A estação tinha um alto-falante. Ainda sinto arrepios quando estou em uma estação e ouço uma voz dizer: "Senhoras e senhores, o trem apresenta problemas. Por favor, dirijam-se para a outra plataforma". Mas ali era uma voz que gritava: "*Alles austreten, alle Bagage hinlegen*" (Todos para fora, deixem as malas no chão), mulheres para um lado, homens para o outro. Mulheres e crianças que não conseguem andar, sigam até os vagões à espera.

Era horrível o efeito gerado por aquela luz de neon forte, suja, uma luz azulada, e o céu cinza acima, mais ou menos iluminado pelas lâmpadas de neon... E todos aqueles homenzinhos com ternos de listras azuis, que sussurravam: "*Ihr seid gesund. Lauf*" (Você é saudável. Ande rápido). Eles tentavam nos dar avisos, mas não entendíamos nada. Estávamos cansados demais, resignados demais e desequilibrados demais para nos darmos conta do que estava acontecendo conosco. Sim, era uma espécie de pesadelo, um inferno.

Os nomes de um grupo de mulheres foram chamados, incluindo o de Lientje e o meu. Havia um oficial da SS que reuniu essas mulheres, verificou mais uma vez seus nomes e, em meio a todo aquele caos, levou-nos separadamente para dentro. Assim, como presas políticas, recebemos tratamento especial. Fomos colocadas em grupos de 24 ou 48

3. Em alemão, "O trabalho liberta", inscrição usada pelos nazistas na entrada dos campos de concentração. (N. E.)

e banhadas e depiladas separadamente. Não dava para saber se era um homem ou uma mulher que fazia a depilação. Eles passavam a navalha na cabeça e embaixo dos braços. Em nosso caso, puxavam-nos pelos cabelos e os cortavam curtos, mas não chegavam a raspar nossas cabeças. Não sabíamos se outras mulheres tinham suas cabeças raspadas, mas ficamos em choque com a forma como eles nos passavam de uma pessoa para outra. Também fomos tatuadas. Meu número é muito alto porque eu estava entre as últimas a chegarem ao campo. Tudo isso durou até o dia raiar.

Então fomos levadas por um *Aufseherin* (uma espécie de supervisor) até um local próximo aos barracões de pedra. Depois, passaríamos a viver ali. Disseram-nos para nos sentar. Estávamos com fome, com sede, terrivelmente amedrontadas. E daí fomos tomar banho com apenas um respingo de água que saía do chuveiro, em grupos de cinco. Estávamos tão sujas e queríamos tanto nos lavar; mas tínhamos direito a apenas algumas gotas de água. Não nos deram toalhas. Fomos levadas através de uma sala enorme, onde havia uma terrível corrente de ar, e nos jogaram algumas peças de roupa.

Depois, tivemos uma sorte enorme, não há dúvida quanto a isso, pois nos deram alguns tamancos de madeira. Felizmente, tínhamos pés pequenos e os tamancos vieram do tamanho certo para Lientje e para mim.

Sabíamos da existência das câmaras de gás. Assim que você chegava a Auschwitz, ficava sabendo das câmaras de gás. Como? Isso eu não sei. Mas nós sabíamos. Víamos aquela fumaça alta, escura; vivíamos perto dela. Sentíamos o fedor. É impossível esquecer.

Mas ainda não sabíamos se conseguiríamos escapar da seleção. Conosco estava uma mulher de 84 anos. Era Luise Kautsky, a esposa de Karl Kautsky, o renomado teórico do comunismo e político. Ela foi a primeira a morrer, naquele mesmo dia, enquanto estávamos sentadas nas pedras, sob o sol escaldante. Fazia muito calor e sentíamos muita sede. Cada uma tinha um vestido e um par de tamancos.

Tudo isso foi em Birkenau. A estação era Auschwitz-Birkenau. Tínhamos entrado por Auschwitz e fomos levadas para Birkenau, onde fomos imediatamente colocadas em quarentena. Conhecemos várias mulheres holandesas que haviam estado no mesmo transporte. No bloco da quarentena, onde estávamos, havia gente das mais diversas nacionalidades: russas, italianas e até mesmo algumas norueguesas e dinamarquesas. As italianas eram muito agressivas.

Lembro-me de algo positivo a respeito das francesas. Suas cabeças haviam sido completamente raspadas. Elas encontraram um pedaço de vidro espelhado e um pequeno pente com três dentes. Com isso, penteavam as sobrancelhas, olhando no pequeno espelho. Depois, prendiam roupas na cabeça e se olhavam novamente no espelho para ver se ainda estavam minimamente elegantes.

Eu achava essas coisas agradáveis. Os nazistas tentavam colocar países e nações umas contra as outras, atacar e acabar com as melhores qualidades das pessoas – acabar com sua dignidade. E aí eu me deparei com pessoas como aquelas francesas maravilhosas, aquelas garotas que arrumavam as sobrancelhas para ter uma aparência um pouco melhor – realmente o que os franceses chamam de *esprit*, a força para não desistir, para não ceder. Jamais.

✡

No campo, era como se fôssemos continuamente atingidas por martelos pesados – no coração, nos sentidos – até ficarmos bastante atordoadas. Você pode tentar proteger aquilo que mais importa na sua vida. É tudo o que pode fazer. Agradecer ao Deus dos ateístas, ajoelhada por estar sozinha com sua irmã, por não haver ninguém mais. E as mortificações que você suporta na forma de açoites. Você passa o dia todo alerta, não pode fazer nada, fica pensando sobre aquilo. É por isso que nunca assimilamos o que aconteceu. Por isso queremos que jamais volte a acontecer – nem com nosso pior inimigo.

Era uma pressão ou tensão enorme, concentrada. Todo o seu lado humano era atingido. Você podia facilmente imaginar-se deitada lá, morta, onde estava. Se fosse escolhida para o trabalho, se tivesse que carregar pedras da base ao topo de uma colina com uma Kapo atrás de si e tentasse, como todos os outros, pegar a pedra que pesasse menos e que ainda tivesse um tamanho razoável para que eles pudessem ver que você estava carregando alguma coisa, você se sentia humilhada e incrivelmente violada. Não há palavras para descrever o sentimento.

E aí havia a Kapo atrás de você. Você não passa de uma pobre desgraçada e ali atrás está a Kapo, usando um suéter de lã angorá maravilhoso, saia curta, botas altas e cabelos lindamente arrumados. Ela a segue com um chicote na mão. Não vou dizer que todas eram assim, mas, sim, tínhamos bons motivos para odiar aquelas Kapos polonesas. Até hoje não gosto de lã angorá.

Elas eram nossas colegas de prisão, mas colaboravam com os alemães. Isso é tudo o que posso dizer sobre o assunto. Havia, obviamente, algumas Kapos muito boas, que ajudavam os prisioneiros, mas eu não queria ser Kapo nos campos pelos quais passei. Nos últimos meses em que estive lá, esse não era um trabalho nada agradável. Mas você nem sempre tinha escolha. Às vezes era selecionada, outras vezes podia se voluntariar.

Inicialmente, ficamos de quarentena porque muitíssimas pessoas estavam com escarlatina, doença muito contagiosa. As condições nos galpões eram tão ruins que você podia morrer se tivesse uma simples infecção de garganta. Apesar disso, as pessoas com escarlatina eram chamadas a comparecer nas *Zählappell* (contagens, chamadas). Essas chamadas... também eram algo amedrontador.

Começavam perto do amanhecer. Não sabíamos a hora certa porque não tínhamos relógio, mas estimávamos algo entre 3h00 e 3h30 da madrugada. Eles gritavam: "*Aus dem Block hinaus, Zählappell*" (Para fora dos galpões, chamada). E depois sacudiam os beliches, gritando o tempo todo conosco. Pulávamos das camas e corríamos para o lado de fora. Éramos chutadas para fora dos galpões pelas guardas, as Kapos dos galpões. O *Kübel*, uma espécie de carriola que tínhamos para fazer as necessidades, era levado embora e, enquanto saíamos dos galpões, recebíamos um pouco de café morno em nossos potes... Era *moekefoek* (parecido com água suja). Quando a pessoa quisesse se arrumar um pouco, podia usar aquele líquido para escovar os dentes, até para lavar as mãos, ou então tomar um gole – tudo no mesmo pote, porque não havia outro.

E então: "*Antreten in Fünfereihen*" (Alinhem-se em fileiras de cinco pessoas). Isso significava que tínhamos de formar um quadrado de 25 pessoas. Sempre tentávamos encontrar os conhecidos para que pudéssemos nos apoiar uns nos outros até a contagem começar. Quando eles começavam a contar, estendíamos os braços para ter certeza de que estávamos à distância prescrita, assim seria mais fácil para eles contarem esses blocos de 25 pessoas. E nos observavam, os *Scharführer*, *Aufseherin* e *Rottenführer* e seja lá com quais outros nomes fossem chamados. Vinham com cachorros firmemente presos em suas coleiras. Que Deus nos protegesse se um daqueles cachorros escapasse. Eles mordiam. Eram animais nojentos. Adoro cachorros, mas tenho um terror eterno de criaturas enormes como o dogue alemão – extremamente agressivo. Eles poderiam facilmente quebrar um bebê em pedaços bem diante dos seus olhos. Criaturas terríveis.

Vinham nos contar e lá estávamos, em quadrados de 25 pessoas. Andavam por nós, olhavam entre as fileiras e seguiam adiante. Mil pessoas – talvez duas mil – ficavam ali, onde eles faziam a chamada, até todos serem contados. Quando alguém errava ou se os números não fechassem, então eles começavam tudo outra vez. Ficávamos ali durante horas. Não era de se impressionar que pessoas doentes simplesmente caíssem mortas. Elas tinham que ser levadas – eram jogadas para um lado – e agora havia 24 em vez de 25, então a contagem era repetida. Da forma como as coisas eram, você pensava que a contagem continuaria até *você* cair morto.

Às 9h00 ou 10h00, mais ou menos, a chamada terminava. Então podíamos entrar e às vezes – outras vezes não – recebíamos um pouco de café e uma fatia de pão tão assada a ponto de ficar dura. Por exemplo, recebemos um pedaço de *Kommissbrot* para seis pessoas, o que significava que cada uma ficaria com uma fatia de uma polegada. Usávamos uma linha ou um pedaço de madeira para fatiar as porções. E se alguém ficasse com meio centímetro, um quarto de centímetro a mais, as pessoas trocavam olhares furiosos. Cortávamos aquelas fatias de pão, de pouco mais de dois centímetros, em fatias menores para durarem mais.

Levávamos o pão para o trabalho. Você levava consigo tudo o que tinha – um pequeno pote de metal, um copo esmaltado, uma colher. Era realmente rico se tivesse uma colher. E ainda mais rico se tivesse uma colher e uma faca. Lientje e eu dividíamos uma faca, mas cada uma tinha sua colher.

Existia um comércio ativo de todo tipo de coisa. Quando chegamos, recebemos apenas um vestido e um par de sapatos. Durante o dia, o calor era terrível mas, à noite, o frio era opressivo. As mulheres que tinham conseguido ficar com dois cobertores de cavalos os rasgavam em quatro partes e enfiavam um pedaço debaixo de suas saias, o que lhes dava uma sensação de estarem usando calças. E, depois de algum tempo, tínhamos calças e meias. Mas precisávamos economizar no pão para conseguirmos essas peças. Minha irmã e eu dividimos nossas porções de pão e depois, três dias mais tarde, compramos a primeira calça para uma de nós. Mais adiante, compramos a segunda calça. Assim, pouco a pouco, fomos nos vestindo.

Logo depois da chamada, algumas pessoas eram apontadas para os grupos de trabalhos, e essas mulheres eram separadas das demais e iam para suas posições. Mas, ao mesmo tempo, aquelas que não haviam sido selecionadas andavam pelos cantos levando coisas que tinham conseguido – por exemplo, um belo par de meias em troca de uma fatia de pão. Era assim que o escambo funcionava. A moeda era pão, um ovo ou um pouco de sal. Todas tínhamos aftas terríveis na boca e lábios muito secos por conta da secura e da falta de vitaminas. Por isso, uma cebola era algo extremamente valioso, assim como o sal. As pessoas faziam de tudo para obter esses itens. Ocasionalmente, era possível conseguir um pouco de chucrute; isso era maravilhoso, era um banquete.

Lientje e eu passamos quase o tempo todo juntas. Quando ela teve febre alta, acompanhei-a até o galpão da enfermaria. Eles a mantiveram ali. Fiquei aterrorizada. Eu me mantive por perto e tentei visitá-la sempre que podia, porque o pior que poderia me acontecer seria perder minha irmã. Depois de três dias, voltei para buscá-la e levá-la de volta ao nosso galpão. Lientje ainda não tinha se recuperado, mas nós cuidávamos uma da outra. Defendíamos uma à outra. Sob quaisquer condições.

Vimos as garotas da família Frank apenas rapidamente em Auschwitz. Não estávamos no mesmo galpão e não as encontrávamos no trabalho. Só voltamos a vê-las no transporte para Bergen-Belsen.

Fizemos muitas coisas em Auschwitz. Trabalhamos na *Weberei* (tecelagem) ou dobrando plásticos para aviões. Ainda não sei para que servia aquilo – uma espécie de plástico transparente. Pegávamos algumas fitas desse plástico e fazíamos cintos, que depois trocávamos por outras peças de roupa. Ainda lembro que tínhamos que separar os pés de sapatos iguais que encontrássemos em uma pilha. O que fizeram com aquilo? Até hoje não sei. Tínhamos que executar trabalhos que não faziam o menor sentido.

Depois da chamada, eles com frequência faziam seleções. Em vez de nos dispersar, recebíamos ordens de ir aos galpões e depois sair, uma a uma, para possivelmente encontrar a morte. Mengele e dois outros diziam: "Você, deste lado; você, daquele lado. Você tem *Krätze* (sarna), vá para o *Krätzeblock* (galpão da sarna)". Então você tinha sorte, porque aquilo também podia significar que você *não ia* para o *Krätzeblock*, e sabíamos o que isso queria dizer. Tínhamos visto aquela fumaça, aquela fumaça negra, enorme.

Durante a seleção, ficávamos nuas. Éramos enviadas para os galpões para tirarmos as roupas. Ficávamos completamente nuas, independentemente de se fizesse sol ou chuva. Todas, uma a uma, nuas, saíamos dos galpões. Mengele nos analisava da cabeça aos pés. E, se você tivesse acne ou brotoeja, era muito possível que fosse para *aquele* lado.

O medo, e não apenas da seleção, era constante. Seleções eram a regra. É possível comparar a situação à de um rato que corre pela casa, sendo perseguido por todos – o pânico que ele sente quando não consegue encontrar o buraco por onde saiu. Felizmente, não tivemos que passar por muitas seleções.

Durante todo o tempo que ficamos no campo, nenhuma de nós menstruou. Achávamos que eles colocavam alguma coisa na comida, mas parece que não era o caso. Ele mais simples: uma mulher vivendo abaixo do nível da subsistência simplesmente não menstrua. Quando cheguei a Birkenau, eu menstruava normalmente. Depois que cheguei, não mais. E voltei a menstruar depois de seis meses em casa. Muito estranho.

Nos galpões, dormíamos em beliches construídos em três níveis. Cada cama era para duas pessoas, portanto, em teoria, seis pessoas cabiam em cada beliche. Mas as coisas não funcionavam assim porque, em vez de nos deitarmos longitudinalmente, deitávamos na largura do beliche, sempre em cinco ou seis pessoas. Por isso, ficávamos terrivelmente apertadas. As tábuas rangiam o tempo todo por conta do peso. Se tivéssemos sorte, havia um pouco de palha no beliche; se não houvesse, tínhamos apenas nossos cobertores, e descansávamos a cabeça sobre os punhos. Mantínhamos todas as nossas posses reunidas e protegidas: o pente, a colher e, se tivéssemos, a faca e o pote. E os colocávamos debaixo da cabeça. Se deixássemos algo no pote ou na xícara, possivelmente seria roubado.

E a forma como nos deitávamos não era o único problema. Dormir também era um problema. Havia a sensação assustadora de sentir de repente uma mão sob sua cabeça; ou, ainda pior, um rato, que poderia morder.

Não havia apenas o contato físico entre nós – apertadas como sardinhas em uma lata –, mas também tentávamos conversar umas com as outras.

Nem sempre falávamos de ficar juntas. Éramos colocadas umas contra as outras, e até mesmo os parentes mais próximos brigavam uns com os outros por algumas cascas de batatas. Isso não era maldade. Era fome, era nudez. Você se tornava desumano, por mais que não quisesse.

Nos beliches, a conversa mais comum era sobre comida. Também falávamos sobre os eventos do mundo. Afinal, as mulheres à nossa volta eram politicamente conscientes, condenadas por crimes políticos. Além de fantasias envolvendo revoluções por todo o globo, também imaginávamos enormes banquetes durante feriados. Quando, durante essas conversas sobre banquetes de feriados, o barulho se tornava alto demais, uma Kapo aparecia e dizia: "*Jetzt wird nicht gefressen, jetzt wird gestorben*" (Agora não é hora de comer; é hora de morrer).

Por conta das condições de higiene, tínhamos que ir juntas às *poepdoos* (latrinas) – um espaço grande, horrível, fedido. Ainda sinto nojo toda vez que penso nisso porque as latrinas eram horrivelmente sujas. Havia fezes por todos os cantos. Você não podia encostar as mãos em nenhum lugar, mal conseguia encostar os pés no chão. Mesmo assim, precisava se aliviar, porque logo depois recebíamos ordens para sairmos juntas, e aí era impossível escapar. E, se você precisasse se aliviar, teria que fazer nas calças – se tivesse calças. Isso nunca acontecia porque a movimentação em nosso intestino era tão lenta que não valia o incômodo. Mas urinar era irritante – e você andava como se estivesse cavalgando.

Sempre havia muito empurra-empurra perto das torneiras. É curioso, mas, se você passou a vida escovando os dentes e lavando as mãos, quer continuar fazendo-o, e há uma necessidade real de enxaguar a boca com um pouco de água. Eles puxavam o pote da sua mão e você tinha que empurrar para chegar perto da torneira. E, quando chegava, tinha de se segurar com muita força, ou então não conseguia água. Brigávamos com todas as outras mulheres. Mas nem nos dávamos conta disso, só pensávamos: "Se eu pelo menos conseguir molhar esse pedaço de pano, vou conseguir limpar as mãos". A outra coisa que passava pela cabeça era: "Caramba, se eu conseguir chegar um pouco mais para frente e Lientje conseguir passar... Sou um pouco mais forte do que ela". Foi sempre assim; uma cuidava da outra.

Ruth Feldman, que havia sido enfermeira-chefe no CIZ (Associação Central Israelita de Enfermagem) estava conosco nos galpões. Ela deu um passo à frente e disse ser enfermeira. E queria que nós também fôssemos. Então, nós nos tornamos enfermeiras.

Uma de nossas Kapos certa vez jogou Ruth Feldman na sujeira da latrina. Minha irmã ficou tão furiosa que tirou o tamanco e o usou para acertar a cabeça da Kapo, que começou a gritar o mais alto que conseguia e tentou agarrá-la. Mas minha irmã foi mais ágil e correu o mais rápido que podia. O que se seguiu foi uma busca enorme por ela, que se escondeu. Se tivesse sido pega, minha irmã teria morrido. Ruth sempre se mostrou muito grata e disse: "Temos que tentar ficar unidas". Porém, essa ideia simplesmente não funcionou. De fato, todas fomos parar em Bergen-Belsen, mas em momentos diferentes.

Depois de alegarmos que éramos enfermeiras, nos dias finais de outubro, fomos colocadas no transporte para Bergen-Belsen.

No início de novembro, fomos convocadas para a chamada. Eles não disseram nada, mas sentíamos que alguma coisa estava para acontecer. E era verdade. Os nazistas queriam evacuar o campo porque os russos estavam se aproximando. O campo precisava ser esvaziado, mas não sabíamos disso. Na ocasião em que deixamos Westerbork em vagões de gado, tínhamos a sensação de que seríamos sacrificadas, e tão perto do fechamento dos campos! E quem saberia para onde tínhamos ido? Depois disso, um inferno chamado Auschwitz surgiu à nossa volta. E agora estávamos naquele inferno e seríamos novamente transportadas.

Para nós, a situação não tinha como piorar. Nada poderia ser pior do que Auschwitz. Fomos levadas para fora e recebemos ordens para ir de uma plataforma à outra, onde recebemos pães e alguns potes com água para levar. E depois nos vimos mais uma vez nos vagões de gado.

Essa viagem durou muito, muito tempo. Havia alarmes antiaéreos e nosso trem foi atingido – os ingleses provavelmente pensaram que era transporte de tropas. E então os guardas fugiram do trem. Não soubemos disso. Ficamos sentados ali dentro e, nas plataformas, recebíamos água fresca e, vez ou outra, uma fatia de pão. Tivemos autorização para sair algumas vezes. Na hora de entrar, você tentava ser a última, para ficar o mais próxima possível da porta. Nós duas tentávamos, sempre que possível, ficar perto das portas. Você podia se deitar na palha, nas laterais, para manter pelo menos um lado do corpo protegido. E era possível tomar um pouco de ar pela abertura.

Não sabíamos o que estava acontecendo. Não sabíamos de absolutamente nada. Tínhamos a sensação de estar andando em círculos, sem rumo. Até que paramos em Celle e várias pessoas disseram: "Ah, estamos a caminho de Bergen-Belsen. É um campo bom!". Mas a desilusão não demorou a surgir. Tivemos que andar em meio à chuva torrencial e ao frio – e como estava frio! Ficamos próximas, dois cobertores de cavalos jogados em cima de duas jovens magras. Ainda consigo ver a cena, nós duas, andando alguns quilômetros entre a estação de Celle e o campo de Bergen-Belsen. Andamos pela floresta e respiramos fundo... Hummm, a floresta, que cheiro delicioso! Estávamos cercadas por guardas e passamos pela cidadezinha. As pessoas nos viam; nós, pobres desamparadas. Ninguém moveu um dedo para nos ajudar. E chovia, ventava e caía granizo.

Finalmente chegamos ao campo, que ficava em uma espécie de pântano com alguns arbustos ali e acolá. E nos sentamos em uma pequena colina, duas garotas abraçadas. Mas logo duas outras silhuetas acinzentadas apareceram. Soltamos os cobertores e gritamos: "Ah, vocês também estão aqui!". Eram Anne e Margot.

Sempre acreditei que elas tinham vindo no mesmo transporte. Havia uma fila longa, enorme, para entrar no campo, e nos sentamos em uma pequena colina de areia, o mais próximas possível, cobertas até o nariz com os cobertores. E de repente vimos aquelas duas meninas também cobertas e pensamos: "Bem, elas passaram pelas mesmas coisas que nós". E aí nos sentimos completamente felizes por termos sobrevivido.

Naquele momento, tudo era felicidade. Só existia a felicidade do reencontro. E ficamos juntas até chegarmos às tendas. Também encontramos as Daniël, que conhecíamos de Westerbork.

Talvez tenha sido o "complexo de irmãs" o que atraíra nossa atenção para as Frank e as Daniël. Irmãs ou mães e filhas sempre tentavam ficar juntas. Naquele momento, a sensação de unidade, de ter chegado até ali, também era delas. Tínhamos uma espécie de carinho maternal por elas porque eram dez anos mais novas. Naquele mesmo transporte, também encontramos Sonja Lopes Cardozo e a filha de Greetje van Amstel. Acabamos nos reunindo com muitas das jovens, mas naquele momento, sentadas naquela colina, sentíamos uma alegria verdadeira por aquelas crianças ainda estarem vivas. Agora nos sentíamos em casa. De certa forma, cuidamos para que essas crianças sempre estivessem por perto.

Enormes tendas foram erguidas às pressas porque, conforme descobrimos mais tarde, Bergen-Belsen simplesmente não estava preparado para receber aqueles transportes. Camas foram enfiadas nessas tendas de exército – uma, duas, três, empilhadas. Estávamos ensopadas e com frio. Assim que as tendas ficaram prontas, todas correram para entrar nelas. Houve muitos empurrões e muitas cotoveladas, conforme as mulheres tentavam entrar o mais rapidamente possível, mas nós esperamos. Em certo momento, as Frank começaram a discutir se seria melhor entrar, e logo entraram.

Realmente, não éramos gentis umas com as outras. Às vezes, chegávamos à agressão física. Mas as irmãs Frank decidiram ir à nossa frente. Esperamos um pouco mais na chuva e, por fim, fomos as últimas a entrar nas barracas. Essa era nossa estratégia costumeira – uma estratégia que tantas vezes havia nos salvado. Tivemos que nos arrastar até a cama superior.

Durante a noite, aconteceu um terrível temporal com trovões, relâmpagos e ventos. Tudo o que deuses do tempo podiam produzir caiu diretamente sobre nós, sacudindo e rasgando as tendas. Duas ou três delas – inclusive a nossa – caíram.

Em cada tenda, havia centenas de pessoas. Muitas acabaram feridas, e acredito que algumas tenham morrido. Tivemos sorte. Como tínhamos nos arrastado até a parte de cima e a lona rasgou, conseguimos sair. Mas a destruição foi terrível. E, de manhã, era como se um naufrágio tivesse acontecido. Pessoas e pilhas de escombros por todos os cantos; gemidos e dor.

Só voltamos a encontrar as garotas da família Frank alguns dias depois. Fomos transferidas para galpões de madeira e pedra. Ficamos mais tempo nos barracões de madeira. Naturalmente, passamos a procurar nossos conhecidos. Não as irmãs Frank em especial, mas os conhecidos em geral. Encontramos alguns, pessoas com quem tínhamos conversado e com quem tínhamos contato, com quem havíamos estado juntas e com quem certa vez fizemos uma festa em nosso dormitório em Auschwitz.

Aquela foi a festa de Sinterklaas, Natal, Chanucá e Ano-Novo – celebramos tudo de uma só vez. Reunimos todas as pessoas que conhecíamos e em quem confiávamos.

Para celebrar os feriados importantes, economizávamos pão, tudo que podíamos reunir, e implorávamos. Sei que Lientje cantava para o *Blockälteste*. Nesses galpões, não havia apenas Kapos, mas também um *Blockälteste*, a autoridade que deveria garantir a distribuição justa das coisas. E a distribuição justa consistia em: primeiro, eu; depois, eu; e depois um pouco para você e um pouco para você; e depois, o que sobrar, para os galpões.

Lientje ganhava alguns pedaços de pão em troca de cantar. Nós guardávamos esses pedaços. Guardávamos tudo aquilo que caía em nossas mãos. Naquela noite, celebramos o Natal, o Ano-Novo e o Chanucá. Naquela noite, todas nos sentamos nas camas de um dos galpões de pedra e cantamos juntas.

Havia muitas húngaras nos galpões. Muitas outras húngaras foram para a câmara de gás.

Ao mesmo tempo em que descíamos de nosso transporte em Auschwitz-Birkenau, um transporte enorme também chegou com homens e mulheres da Hungria e ciganos. As fornalhas queimavam continuamente. E havia aquela fumaça escura, cheia de fuligem, que produzia cinzas...

Em todos os galpões de Bergen-Belsen havia húngaras e tchecas, todas mulheres, porque estou falando do campo feminino. Acho que também havia russas. E nos sentamos ali, em nossa cama, com todo tipo de coisa para comer. Mas não comemos, apenas fizemos um lanchinho. E cantamos. Eu gostaria de contar mais sobre esse momento incrível.

Todas nós fazíamos nosso melhor para não chorar, embora todas estivéssemos pensando em nossos entes queridos. As holandesas cantavam praticamente sem parar: "*Het karretje, dat op de zandweg reed*" (O carrinho que andava na estrada de terra). Em suma, essa é uma música sobre um cocheiro que vai até o cavalo parado na frente da carroça. Ele diz: "Você vai me levar para casa, meu amigo, meu amigo, você vai me levar para casa", e assim por diante. Era uma das canções mais dramáticas e sentimentais que aprendíamos na escola. Além de "*Het karretje op de zandweg*", cantávamos todo tipo de música. "*Het zonnetje gaat van ons scheiden*" (O sol vai nos deixar), "*Een moeder bukt zich voor God den Heer om haar avond*" (Uma mãe se ajoelha diante de Deus ao entardecer), "*Kling klang het klokje*" (Ding dong, o relógio), "*Het avondgebed*" (Oração da noite). Eram todas canções muito sentimentais que cantávamos na escola. Naquela noite, cantamos todas elas.

As tchecas ficaram muito irritadiças porque as holandesas não paravam de cantar – elas simplesmente não paravam de cantar, e ainda gritaram: "Quietas, silêncio, queremos cantar uma música holandesa." Era tão impressionante ver toda aquela tensão acumulada se desfazer, e então todas começamos a chorar. Mas choramos em silêncio – foi a libertação, devo dizer. Elas cantavam em harmonia: "*Constant had een hobbelpaard zonder kop of zonder staart, zo reed hij de kamer rond, zo maar in zijn ... [blote kont]. Constant had een hobbelpaard*" ("Constantino tinha um cavalinho de pau, sem cabeça e sem cauda, então andamos pela sala..."). E ficamos ali, sentadas, chorando. Típico, não é? É muito holandês seguir em frente, guardar suas dores em silêncio e se controlar. Depois, alguém quebra a tensão e de repente você está livre.

No dia seguinte, o homem da SS, Müller, ficou furioso porque não conseguiu passar o Natal e o Ano-Novo em casa. Extremamente alcoolizado, ele tentou nos arrancar, com violência, da parte de cima dos beliches. E chicoteou as laterais das camas. Resistimos com unhas e dentes, apertando-nos contra as camas, e ele não conseguiu nos pegar. Quando era necessário, a gente se defendia muito bem!

As Frank, as Daniël e Sonja Lopes Cardozo estavam conosco nessa ocasião. Agachamos na parte de cima do beliche; acima de nós estava o telhado inclinado. Foi uma experiência memorável, todas nós sentimos profundamente. Uma experiência que você nunca esquece.

Certo dia, Lientje saiu sozinha e, quando voltou, disse: "Janny, venha aqui comigo por um instante." E fomos a um pequeno galpão, onde, para nossa surpresa, vimos apenas mulheres holandesas: irmã Asscher, senhora Levie, senhora De Zoet, que morreu perto de nós, Roosje Pinkhof e Carrie Vos. Eram as pessoas do *Sper* do diamante (cujos nomes figuravam na lista de pessoas protegidas do transporte porque trabalhavam com diamantes). E elas eram ameaçadas pelos comandantes do campo em *Austauschlager* (o campo de intercâmbio para pessoas selecionadas para irem à Palestina).

Todos estavam sujeitos às mais violentas ameaças, o que tornava a luta pela sobrevivência ainda mais complicada e fazia aumentar a tensão. Uma punição muito comum era, por exemplo, ter de se ajoelhar na frente do galpão com uma pedra nas mãos. Ninguém podia conversar com você, ou então você era açoitada. E também apanhava se virasse a cabeça. Tinha que ficar ali por horas. Muitas pessoas morreram assim. Não era fácil sair com vida; era mais fácil morrer. Era mais fácil pensar em alguma coisa para morrer. E, se você não tivesse outras ideias, era mais fácil simplesmente se encostar no arame farpado. Inúmeras pessoas se encostaram na cerca elétrica de arame farpado. Não acho que isso seja um segredo. A pessoa se despedia das outras e andava em direção ao arame farpado [em Auschwitz]. Bergen-Belsen não tinha cerca elétrica. Ou talvez tivesse, mas não onde nós estávamos.

Aquelas mulheres – e eram apenas algumas – tinham perdido seu *Sper*. Tinham que entregar diamantes todos os dias para não serem transportadas. E seus maridos também acabaram transportados.

Aquelas mulheres e crianças estavam em situação penosa. Horrível. Tinham passado muito mais tempo no campo e enfrentado muitas privações. Tinham permanecido com seus familiares durante todo o processo e ficado em pé porque suas famílias estavam por perto. Agora, isso tudo caía por terra. Começamos a ajudá-las imediatamente. Estavam doentes e desamparadas. Começamos tentando arrumar água para banhá-las.

Em Bergen-Belsen era, de certa forma, possível se lavar. Guardávamos água em potes e copos e nos pequenos recipientes que usávamos para comer para poder lavar algumas peças de roupa de vez em quando. Era uma situação muito precária, mas funcionava. Como enfermeiras, podíamos ir ao dispensário – afinal, tínhamos de avisar quando alguém estava doente, não tínhamos? Então podíamos nos movimentar um pouco mais livremente. O que significava que podíamos fazer outras coisas. Roubei alguns punhados de produtos com cheiro forte para afastar pulgas e percevejos.

Então, Lientje disse: “Devemos perguntar esta noite se podemos ficar naquele galpão?”. E funcionou. Aí nos mudamos para os galpões menores com as holandesas. A irmã Asscher morreu ali, mas cuidamos de suas filhas, Jopie e Bram, até elas recuperarem a saúde, e depois as ajudamos a voltar para a Holanda.

Havia um grande grupo de crianças holandesas naqueles galpões. Os nazistas não sabiam se elas eram ou não judias. Talvez fossem *Mischlingen* (filhos de casamentos mistos) e talvez fossem questionados sobre elas mais tarde. Portanto, as autoridades tomavam cuidado especial com aquelas crianças.

Todas nós, em especial as mulheres mais jovens, fazíamos visitas regulares a essas crianças para lhes contar histórias infantis. Elas normalmente só ouviam os gritos de *Aufseherinnen* (supervisores) e Kapos, que só queriam atender aos próprios interesses por meio das crianças. Nos menores, cortávamos as unhas e, de vez em quando, os cabelos. Agíamos como mães ansiosas. Felizmente, a maioria das crianças foi levada a Eindhoven pela Cruz Vermelha logo depois da libertação. Tive notícias de algumas, mas acabei perdendo contato com a maior parte delas. Ademais, acho que a maioria daquelas meninas não queria mais contato porque preferiria esquecer o máximo possível da experiência. E era melhor assim.

Sei que Anne e Margot também se envolveram com as crianças e fizemos nosso melhor para ajudá-las. Não apenas Anne e Margot, mas também as outras garotas que sabíamos que regularmente ofereciam um pouco de equilíbrio e um pouco de cultura às crianças.

Às vezes, é muito importante se afastar da bagunça na qual estamos vivendo, fechar os olhos, nos desligar. Devo dizer que eu mesma, quando retirávamos os corpos de pessoas mortas, muitas vezes fiquei na frente daquele poço fedido. Então, olhava para aquele céu maravilhosamente estrelado e dizia: “Meu Deus, se você realmente existe, como pôde deixar isso acontecer?”.

Cuidávamos das crianças da melhor forma que podíamos, mas nunca tínhamos tempo suficiente. Acabávamos enlouquecendo e, para piorar a situação, Lientje ficou doente. Teve febre e tifo. A senhora Levie foi uma das primeiras de nosso galpão a ter tifo. Outra enfermeira, a senhora Bronkhorst, estava conosco nos galpões e ajudou a cuidar dos doentes. Às vezes, não consigo lembrar os nomes, mas algumas pessoas sobreviviam ao tifo. A senhora Levie não sobreviveu e a senhora De Zoet também não.

Como enfermeiras, tínhamos de contar os doentes e reportá-los durante o *Zählappell*; agora estávamos em uma posição um pouco melhor. Em Auschwitz-Birkenau, os doentes iam a barracões que funcionavam como enfermarias, mas em Bergen-Belsen, as enfermarias estavam tão cheias que eles ficavam em seus próprios galpões. O nosso era um desse tipo. Estávamos com lotação máxima, mas continuamos nossa busca por conhecidos. Roosje Pinkhof esteve conosco em nosso galpão, assim como Carrie Vos. As Daniël também iam nos ver com certa regularidade.

Eu não visitava as teimosas irmãs Frank com frequência. Quando quisemos encontrá-las naquele caos completo de Bergen-Belsen, foi impossível porque seus galpões haviam sido esvaziados.

Era um caos, ninguém sabia onde ninguém estava; era uma bagunça terrível, mas a contagem continuava... Todas ainda participavam da chamada e, quando alguém escapava ou acabava perdido, a contagem se estendia por horas.

Eu tinha uma faixa branca no braço e, quando algumas garotas iam buscar água, eu carregava o pote porque havia ladras de água. Às vezes, elas puxavam os potes de nossas mãos. Ficávamos muito tempo na bomba antes de conseguirmos água. O abastecimento era irregular. O fornecimento de alimentos era irregular. Havia os pacotes da Cruz Vermelha, mas nunca os recebíamos. Sei que a senhora Boissevain enfrentou muitos problemas para nos enviar pacotes da Cruz Vermelha [da Holanda], mas eles nunca chegaram. As filhas de Asscher receberam esses embrulhos uma vez.

Por causa de nossas obrigações, tínhamos acesso à farmácia da SS, de onde conseguíamos discretamente roubar alguns itens como aspirinas, pomada contra piolhos e outros medicamentos. Distribuíamos o que conseguíamos pegar – também para as irmãs Frank, que não estavam em nosso galpão.

Não existia câmara de gás em Bergen-Belsen, pelo menos não perto de nós. Mas havia um fosso para onde arrastávamos nossos mortos. Sempre tive um problema com a palavra "cadáver". Nunca pensei em um cadáver como sendo um ser humano morto.

As jovens que ainda eram fortes, como Roosje e Carrie, e quem mais conseguisse, também levavam as mortas envoltas em cobertores até o fosso. Mas queríamos ficar com os cobertores e, por assim dizer, eles eram esvaziados naquele buraco fundo e malcheiroso. O odor era indescritível. E urubus voavam em volta...

Anne teve tifo. Eu também tive, mas, até o fim, consegui me manter em pé. Tomava apenas aspirina porque a febre era avassaladora. Havia coisas demais a fazer. Lientje também ficou doente. Precisávamos arrumar água. Eu procurava garantir que, primeiro, minha irmã tivesse água; não era egoísmo, era normal. Eu pensava que tinha o direito de favorecer minha irmã. E, de fato, eu não tinha vontade de voltar para a Holanda caso minha irmã não sobrevivesse. Somente no dia da libertação, eu, finalmente, tive um colapso. Mas, até então, vinha conseguindo me manter em pé, mesmo doente.

Anne também estava doente, mas aguentou até Margot morrer. Só então ela se entregou à doença. Como acontecia com tantas outras, assim que Anne perdeu a coragem e o autocontrole...

Fizemos o que estava ao nosso alcance, mas era impossível cuidar "de verdade" das pessoas. Os cuidados consistiam apenas em dar às doentes um pouco de água e, se fosse possível, lavá-las um pouco. Em primeiro lugar, o máximo que podíamos fazer pelas pessoas com feridas abertas era usar um curativo feito de papel. Não havia mais nada, nenhum item de farmácia. Muitíssimas pessoas sofreram ulcerações por causa do frio. Quando você ficava em pé por horas durante o *Zählappell*, os dedos dos pés, o nariz e as orelhas começavam a escurecer – ficavam totalmente negros.

As mulheres que estavam doentes, incluindo as irmãs Frank, ficavam nos galpões regulares, e não nos de enfermaria. Elas foram uma vez para a enfermaria, mas uma tirou a outra de lá, exatamente como nós fazíamos. Nossa ajuda não era suficiente, mas não podíamos fazer nada além do que já fazíamos. Acima de tudo, Lientje estava doente. Eu costumava, obviamente, contar histórias às crianças e, quando Lientje adoeceu, levei Brammetje e Jopie Assher até ela e pensei em algumas brincadeiras. Lientje fazia tanto quanto nós, não há dúvida sobre isso. Mas era uma batalha. A senhora Scheermes morreu naquele galpão com a filha – que ainda estava viva – nos braços. O trabalho como enfermeira nos deu a oportunidade de oferecer ajuda às irmãs Frank e também a outras mulheres.

Em certo momento, já nos dias finais, Anne ficou parada diante de mim, com o corpo envolto por um cobertor. Ela não tinha mais lágrimas. Ah, nós já não tínhamos lágrimas havia muito tempo... E me contou que tinha um horror tão enorme às pulgas e piolhos em suas roupas que teve de jogá-las todas fora. Estávamos no meio do inverno e a única coisa que protegia o corpo de Anne era um cobertor fino. Reuni tudo o que consegui encontrar para entregar a ela, para que pudesse se vestir novamente. Não tínhamos muito para comer e Lientje estava doente, mas consegui oferecer a Anne um pouco do nosso pão.

Coisas terríveis aconteceram. Dois dias mais tarde, fui procurar as meninas novamente. As duas estavam mortas.

Primeiro, Margot tinha caído da cama no chão de pedra. Não conseguiu mais se levantar. Anne morreu um dia depois. Na época, tínhamos perdido totalmente a noção de tempo. É possível que Anne tenha vivido um dia mais. Três dias antes de morrer de tifo, havia jogado todas as roupas fora durante uma terrível alucinação. Já falei isso. Aconteceu pouco antes da libertação.

Quero mencionar que trabalhei com comunistas húngaras. Duas jovens húngaras vieram até mim certa manhã, durante a chamada, e disseram: "Você está no galpão menor, não está? Poderia fazer uma coisa para nós? Temos que ir ao *Entlausung* (centro de despiolhamento). Poderia cuidar de nossas coisas?".

"Sim, é claro", respondi.

Escondi as coisas debaixo da cama de Lientje. Ela deitou em cima. Sempre pedia para Lientje correr e se deitar o mais rapidamente possível depois da chamada. Para dizer a verdade, isso não era permitido durante o dia. Somente quem estivesse severamente doente tinha esse direito. Quando as meninas voltaram do *Entlausung*, perguntaram o que eu queria como recompensa, porque de repente tudo tinha um preço. Mas eu disse: "Não sejam bobas. Vocês não precisam pagar por isso."

E elas responderam: "Ouça, estamos formando um grande grupo de células compostas por cinco mulheres. Gostaríamos muito que vocês participassem."

Essas mulheres se encontravam à noite perto do fosso dos cadáveres – porque os nazistas não iam lá. E ali o trabalho era distribuído. As mulheres integravam diferentes grupos de trabalho espalhados por todo o campo; cinco ficavam no escritório, cinco na cozinha, e assim por diante. Elas tentavam fazer o que nós fazíamos, ou seja, garantir que as mulheres nos galpões fossem bem tratadas e recebessem cuidados depois do trabalho. Eu fazia curativos em pés congelados e amputava dedos congelados – sim, a realidade era essa. Elas me deram a oportunidade de passar mais tempo na farmácia da SS e me mostraram onde certos remédios eram guardados – os quais podiam ser escondidos nas calças ou no que você estivesse vestindo – e para que serviam.

Em certo momento, aquelas jovens disseram que a libertação estava próxima. Elas costumavam oferecer alimentos extras, como um pedaço de cebola crua ou de nabo cru. Trocávamos coisas umas com as outras. Então, uma mensageira disse que era possível escapar e nos deu um pouco de ouro que tinham pegado no *Bekleidungskammer* (vestiário). Todas nós tínhamos um pequeno embrulho preso ao pescoço com algumas moedas, para serem usadas se conseguíssemos escapar. Não seguimos com o plano porque os ingleses já estavam muito próximos.

Os ingleses desviaram do campo quando receberam a informação de que o local estava repleto de doenças e de pessoas infectadas. Não se atreveram a entrar. Esperaram a chegada do corpo médico, que veio logo depois. Nesse meio-tempo, os nazistas evacuaram o campo de concentração o mais rapidamente que conseguiram. Foi por isso que aconteceram as marchas forçadas para fora de Bergen-Belsen.

Todos aqueles que estavam saudáveis tiveram de andar. As húngaras disseram: "Tentem dar o fora do campo porque ele é minado; eles querem explodi-lo antes da chegada dos ingleses." Esses eram relatos da IPA (Agência de Imprensa de Israel). Mas a IPA sempre enviava relatos assustadores.

Em certo momento, houve muitos avisos de ataques aéreos. Depois, de repente, tudo ficou quieto, os nazistas se foram. Não tínhamos nada para comer naquele dia, mas isso não nos surpreendeu. Os nazistas tinham ido embora! Naquela noite, quando percebemos que eles tinham partido, aconteceu uma grande festa. Você não conseguiria imaginar como foi. Havia uma montanha de nabos da altura de uma casa. E, em menos tempo do que eu levaria para contar, a montanha desapareceu. Os galpões dos guardas foram incendiados. Imagens de Hitler e seus comparsas, com os olhos arregalados, circulavam entre as prisioneiras. Foi uma enorme festa. Eu já estava doente. Tão doente que quase não conseguia mais me mexer. E então os nazistas voltaram. Todos usavam faixas brancas nos braços. De manhã, assobiaram e gritaram e uma chamada aconteceu. Pensamos que estaríamos livres, mas não foi assim. Resmungando, seguimos até o local da chamada. Tive que me arrastar com uma febre altíssima. Uma anarquia total se instalou no campo; havia incêndio por todos os cantos. Os poucos soldados que haviam ficado para trás atiravam em qualquer coisa que se mexesse. Portanto, você poderia morrer com um tiro, mesmo nos momentos finais.

As coisas mais loucas aconteceram. Pessoas que vestiram peças dos uniformes da SS foram mortas por outras que pensavam se tratar de nazistas. Coisas muito insanas... Eu não conseguiria descrever a loucura que foi aquilo tudo.

Jozef Kramer, o comandante, subiu em um pequeno palanque e disse: "*Kommen sie her, kommen sie näher...*" (Venham aqui, venham aqui, cheguem mais perto, fiquem em volta de mim) "*meine Damen*" (queridas mulheres). As pessoas vaiavam e gritavam. Não houve contagem porque o que ele queria era comunicar que entregaria o campo aos ingleses, que estavam do outro lado da cerca. Essa foi a última chamada.

Vi Jozef Kramer ser preso pelos ingleses. Isso me deu uma satisfação enorme. Eu o vi sendo jogado em um jipe e tomando um chute no traseiro, e as faixas brancas serem arrancadas do uniforme daquele covarde. Eu o vi algemado como um prisioneiro e sendo levado para longe naquele jipe. E depois disso tive um colapso.

Recobrei a consciência quando dois homens gordos e baixos cortavam e arrancavam as roupas do meu corpo. E murmurei: "Não, não. Vai ficar frio demais." Depois ouvi alguma coisa, mas o zumbido na minha cabeça era muito mais alto. Fui colocada em pé e, sem roupas, envolvida em um cobertor, deitada em uma maca e levada a uma sala enorme. Pensei que estivesse no inferno. Havia aquecedores a querosene por todos os cantos. Enfermeiras suíças começaram a me lavar. Não havia mais nada à minha volta, apenas duas enfermeiras olhando para mim. Elas falavam uma com a outra, mas eu não entendia nada por causa do zumbido em minha cabeça. A única coisa que eu disse foi: "Por favor, não cortem meus cabelos porque meu marido não vai me querer de cabeça raspada."

E elas não cortaram. As enfermeiras me deixaram limpa, mas não cortaram meus cabelos.

Depois disso, fui levada para o grande hospital da SS em Bergen-Belsen. Lá, por fim comecei a me dar conta de que a libertação havia chegado.

Isso aconteceu na grande estação da Cruz Vermelha da SS. Mas, em minhas fantasias febris, Bob e as crianças estavam comigo. Não cheguei a pensar em Lientje. Só conseguia pensar em minha sede e porque eu não tinha nada para beber. E aí Bob me deu uma garrafa de limonada, e as crianças se aproximaram e disseram: "Continue dormindo, continue dormindo. Nós já bebemos."

E eu gritei: "Bob, as crianças estão me incomodando. Pode cuidar para que elas não me incomodem?"

Quando recuperei a consciência, uma enfermeira suíça sentou-se no canto da minha cama e disse: "Agora você vai voltar para Bob."

E eu pensei vagamente: "Como ela sabe disso?"

Eu não conseguia movimentar as mãos e mal era capaz de abrir a boca. Mas, dois dias depois, tudo estava muito melhor.

Uma enfermeira sentou-se na minha cama e disse: "Você vai voltar para Amsterdã."

Imediatamente perguntei: "Lientje, onde está Lientje?"

"Quem é Lientje?"

"Minha irmã."

"Ah, não sei", ela respondeu.

Então pensei: "Por que eu ainda estou falando, se vou morrer?".

Eu só queria morrer... e finalmente comecei a chorar. As lágrimas escorreram pelas maçãs do meu rosto. Ainda consigo sentir aquelas lágrimas. Não conseguia secá-las porque não conseguia erguer os braços. As lágrimas rolaram sobre mim... Era uma infelicidade completa. Muito estranha, muito triste. Eu queria morrer. Não queria continuar viva porque não sabia onde Lientje estava. E, depois de vários dias sendo alimentada pela veia, eu não queria comer. Só conseguia chorar.

A enfermeira foi até o fim da ala e ficou ali, cochichando com o médico. Ela deve ter dito: "Ela está mal assim porque quer encontrar a irmã".

E a ouvi dizer: "A irmã provavelmente está morta."

O médico se aproximou e se sentou ao meu lado. Era um irlandês, um irlandês ruivo, Jim, que imediatamente falou: "Pode me chamar de Jim. De onde você veio?"

"De Amsterdã."

"Você tem família?" Ele fazia perguntas que exigiam respostas curtas. "Sua irmã estava com você? Você sabe onde ela está?"

"Não."

"Ouça, prometo que vou procurar suar irmã. Mas agora você precisa comer alguma coisa."

Acho que foi algumas horas depois, mas de repente ouvi a voz de Lientje. Foi um reencontro muito curioso.

Havia um escritório atrás do galpão da enfermaria, onde eu estava. Lientje ia até lá todos os dias. Ela tinha ficado no galpão para ajudar as pessoas que não estavam doentes e agora estava me procurando. Tinha certeza de que eu não estava morta, e disse: "Vou encontrá-la." Minha irmã já tinha uma passagem no primeiro avião para Eindhoven, o avião que levaria as crianças. Lientje já tinha feito algumas amizades e dito que precisava de assentos para duas pessoas. "Minha irmã está em algum lugar por aqui e vou encontrá-la." Era a fé em Deus – e felizmente foi recompensada.

Minha irmã passou pelas janelas de vidro pela milésima vez a caminho do escritório para perguntar se eu havia sido encontrada, e ouvi sua voz. Depois disso, entrou na ala e ergui a mão o mais alto que conseguia. Ela me viu. Nós duas tivemos um ataque e começamos a chorar.

Lientje me disse... Bem, não consegui entender todas as palavras, mas ela contou que iríamos de avião para casa. "Contei a eles quem somos, que trabalhávamos na Resistência, eles farão muito por nós. Mas vou levá-la comigo; você precisa sair da cama. Se não sair, não tenho como levá-la comigo."

Então, ela chamou duas jovens fortes de seu galpão e elas me levaram para lá. Deitei-me na parte baixa de um beliche e chorei descontroladamente. Elas tentaram me dar algo para comer, colocaram um pedaço de pão na minha boca e quase engasguei. Enquanto isso, percebemos que havia jipes funcionando como ambulância nos arredores. Lientje foi até uma cozinha onde preparavam uma dieta especial e perguntou se podia levar alguma coisa para sua irmã doente. Eles perguntaram de onde essa irmã doente tinha vindo, e ela disse: "Eu a tirei daquele galpão."

"Ah", disseram, "ela ainda pode transmitir alguma doença."

E me levaram de volta para o galpão.

Jim prometeu que eu só precisava ficar ali alguns dias. Assim que eu estivesse bem, ele cuidaria para que Lientje e eu fôssemos juntas para a Holanda. Mas o avião partiu sem nenhuma de nós.

Acho que partimos mais ou menos uma semana depois. Viajamos em caminhões, o percurso foi bem demorado. Conhecemos muitas pessoas também. Voltamos à Holanda fazendo pequenos trajetos de cada vez, entre trinta e quarenta quilômetros por dia. No caminho, Lientje quase morreu depois de tomar dois comprimidos que eu tinha recebido de Jim para os meus problemas cardíacos. Ela precisou fazer uma lavagem estomacal em um hospital.

Pouco a pouco nos aproximávamos de Soltau. Lá, fomos levadas a um hangar, um hangar com aviões. Enquanto estávamos paradas ali, conversando, um alçapão se abriu. Ali embaixo havia uma despensa repleta de uvas-passas, barras de pasta de amêndoas, marzipã e assim por diante. Os ingleses haviam cuidado muito bem de nós, mas aquilo era algo simplesmente inesperado. Rapidamente todas as pessoas que dormiam sobre a palha puxaram o marzipã e o dividiram entre si. Organizamos a distribuição perfeitamente. E, algumas horas depois, veio o comandante, junto a um oficial holandês que estava ali, que também era um comandante – todos eram comandantes, todos nós tínhamos um "complexo de comandante" porque tínhamos passado tanto tempo no campo, onde você tinha um comandante! Enfim, o comandante veio com vários soldados para pegar o marzipã e as passas porque aqueles alimentos seriam usados para... Não sei se era para a páscoa ou Pentecostes, mas era uma ocasião especial, e cada um de nós receberia um pouco. Mas todos dissemos inocentemente que não sabíamos de nada. Alguém abriu a boca e contou que sabíamos da existência dos doces. E depois outra pessoa pensou que eles deveriam ser divididos igualmente. Nós achávamos que não. Não queríamos que fossem divididos de forma justa, pois já tínhamos comido nossa porção e estávamos sentadas em cima de mais uma quantidade escondida debaixo da palha. E levamos esses doces conosco para a Holanda.

Um dia depois, tivemos que esperar a delegação do governo holandês que nos receberia em Enschede. Mas eles não apareceram. O mais impressionante é que atravessamos a fronteira em caminhões e recebemos bandeiras holandesas, que foram abertas assim que a barreira da fronteira se abriu. Todos cantamos o *Wilhelmus* (hino nacional holandês) com toda a força de nossos pulmões, com lágrimas escorrendo pelo rosto. Comunistas ou não, nós tínhamos voltado a colocar os pés no solo de nossa pátria. Quando chegamos a Drienderweg, havia dezenas de crianças segurando bandeiras e gritando: "Viva". Mas não era para nós, e sim para os caminhões que atravessavam a fronteira para trazer doces e chocolates para elas. Nós não tínhamos nada a oferecer, nada além de nós mesmos. Foi uma grande decepção. Já um pouco mais sóbrios, fomos levados à casa de banhos públicos de Drienderweg. Não havia nenhuma delegação ali para nos receber. E pela, não sei, centésima vez, tivemos que ser despiolhados. Em cada lugar por onde passávamos na viagem para casa, tiravam nossos piolhos, inspecionavam nossas roupas e nos questionavam outra vez. Em primeiro lugar, aquilo servia para evitar o surgimento de quaisquer doenças infecciosas. Em segundo, servia para desmascarar aqueles que viajavam conosco fingindo ter sido parte da Resistência. Os ingleses lidavam muito bem com isso. Em Soltau, a última parada antes da fronteira, eles arrastaram várias pessoas para fora do grupo e as entregaram a ex-prisioneiros. Nós os deixamos ilesos, não fizemos nada com eles.

Em Enschede, cada um recebeu um florim. Lientje e eu compramos um arenque com a quantia – estava delicioso! Fomos abrigadas em uma escola antiga e suja. Protestamos contra aquilo. No dia seguinte, nos levaram a uma instalação melhor. O comandante era um dos Boissevain, Harry, que trabalhava com meu cunhado, Jan. Ele me conhecia e me disse que faria o possível para que chegássemos rapidamente a Amsterdã.

Na primeira noite na Holanda, comemos nabo!

Minha irmã é uma pessoa muito diligente e entusiasmada, e logo quis entreter alguns dos repatriados. Encontrou um piano e queria praticar. Eu estava na sala. Harry me levou até o andar inferior e anunciou: "Não diga nada às outras mulheres. Vocês vão para Amsterdã. Agora fique de boca fechada porque isso poder causar uma rebelião aqui."

Então saímos de carro com um dentista que estava procurando algum parente. As estradas encontravam-se fechadas porque havia muitas doenças infecciosas no norte da Holanda, então o tráfego estava proibido. Mas aquele homem tinha uma permissão especial para ir ao Norte. Quatro pessoas o acompanharam: Lientje e eu, uma idosa de Harderwijk – nós a achávamos muito velha, tinha 64 anos – e uma jovem de Hilversum. A idosa tinha oferecido abrigo a alguns pilotos ingleses e esteve na prisão. Em Harderwijk, fizemos uma festa. A mulher jovem de Hilversum encontrou sua casa vazia – o marido e os filhos, que tinham abrigado crianças judias na casa, haviam desaparecido.

Quanto mais nos aproximávamos de Amsterdã, mais ansiosas ficávamos. Não sabíamos como seriam as coisas na cidade. Tínhamos dois endereços de contato. Um era o de Haakon e Mieke Stotijn, no número 25 da Johannes Verhulststraat. Fomos até lá, mas a casa estava vazia. Porém, havia uma nota na porta: "Caso Lientje e Janny apareçam, sigam três casas para cima, até a residência de Jopie Bennet, onde há uma longa carta para vocês."

Pegamos a carta, que era de meu cunhado, Eberhard, na qual ele havia escrito: "Bob está vivendo com seus filhos em Amstel, 101, e eu estou morando em Oegstgeest com o senhor Blom."

Corremos para o endereço em Amstel. Como não sabíamos onde exatamente ficava, fomos até Berlagebrug e dirigimos pela extensão do Amstel. Eu só conseguia chorar.

Lientje olhou torto para mim – e eu tinha olhado torto tantas vezes para ela! – e perguntou: "Você ficou louca? Agora finalmente estamos prestes a encontrar Bob e as crianças e você fica aí, sentada e chorando! O que foi? Ficou louca?!"

Enfim cruzamos a ponte e Lientje gritou: "Sim, é aquela casa! Aquelas cortinas ali dependuradas são as que você usava em Haia!". Não me atrevi a olhar. O carro parou e Lientje voou para fora. Mas eu não saí. Não sabia se conseguiria enfrentar aquilo...

Bob saiu correndo para fora da casa e me arrastou do carro, levando-me para dentro. Lientje ficou parada na varanda e gritou: "Preciso ir a Oegstgeest porque Eberhard está em Oegstgeest com Katinka e eu preciso ir a Oegstgeest!". Meu filho, Rob, ficou na varanda, gritando: "Crianças, crianças, venham todos aqui. Minha mãe voltou! Minha mãe realmente está aqui! Papai, eu disse que ela voltaria, papai. Eu sempre disse! Minha mamãe prometeu que voltaria, e ela sempre cumpre suas promessas!".

Foi um belo retorno.

Eu tinha um marido e dois filhos, eu era rica. Sabia o que os outros podiam esperar, a maioria dos quais não voltariam. Fui ao SOL, o precursor da Fundação '40-'45, a Fundação Solidariedade. Essa organização havia sido criada anteriormente, no início da Segunda Guerra Mundial, por um grupo de cidadãos que se sentia responsável pelas mulheres cujos maridos haviam sido presos. Tínhamos pessoas apontadas como tesoureiros, incluindo Rhijnvis Feith e Hans Voorhoeve em Haia. No inverno de 1941, quando eu ainda estava em Haia, coletamos alimentos para oferecer algo extra às mulheres cujos maridos haviam sido levados.

Nos primeiros dias depois da libertação, fui à Fundação Solidariedade. Eu conhecia Trees Lemaire que, na época, era membro do Parlamento pelo SDAP (Partido Trabalhista Social-democrata). Bob se escondeu por um breve período na casa de Trees Lemair; ela era uma amiga próxima. Trees e sua mãe, Marie, me deram todas as roupas que puderam encontrar em seus armários.

Naqueles dias, também fui à Cruz Vermelha para procurar as listas com os nomes daqueles que tinhamsobrevivido e quem não tinha. E marquei uma cruz ao lado dos nomes daqueles que eu sabia que tinham falecido.

Também coloquei uma cruz ao lado dos nomes de Anne e Margot. Muito mais tarde, no verão de 1945, vi um homem alto, magro e distinto parado em uma calçada. Ele olhou pela janela de nossa casa e Bob abriu a porta, pois costumava me proteger. No início, tive que lidar com muitas famílias a quem precisei contar que os filhos, filhas e maridos não retornariam. Era um trabalho insuportável. E era especialmente difícil, porque eu tinha sobrevivido e retornado.

E ali estava Otto Frank, perguntando se eu sabia o que tinha acontecido às suas duas filhas. Eu sabia, mas era difícil demais pronunciar as palavras. Ele já tinha ouvido a versão da Cruz Vermelha, mas queria uma confirmação. Também tinha procurado Lientje que, terrivelmente doente, havia alugado uma pequena casa em Laren. Otto tinha ido a Laren e conversado com Lientje e Eberhard. E eu tive de lhe contar que... que suas filhas não voltariam.

Ele sentiu uma angústia enorme. Era um homem que não demonstrava os sentimentos abertamente, tinha um autocontrole imenso. Era alto, magro, aristocrático. Depois, passamos a vê-lo com frequência. Por um golpe excepcional da sorte, o manuscrito (o diário) de Anne foi encontrado na casa de Annie Romijn, que fazia parte de nosso círculo de amigos. É algo realmente inacreditável. E depois ele passou a nos visitar com frequência. Sempre ficava no hotel Suisse da Kalverstraat, no qual meus parentes de Bruxelas também se hospedavam. Sempre gostei muito disso.

✡

Assimilar essas experiências é algo muito complicado para mim. Na verdade, jamais consegui assimilar. Por dias e noites a fio, conversei com Bob até suas orelhas quase caírem. Toda vez, a raiva me saltava à garganta. Mas é impossível assimilar. A única coisa é que começamos a afastar um pouco essas coisas.

Gostaria de reiterar que contei tudo isso porque quero deixar claro para o maior número possível de pessoas que todo tipo de discriminação – independentemente da forma que ela possa tomar – é algo horrível e que o mundo pode se despedaçar por causa dela. Sim, realmente se despedaçar. Discriminar alguém por sua cor de pele ou a forma de suas orelhas ou os cabelos ou sabe Deus o quê – todos nós podemos morrer por causa disso. Basta uma pessoa dizer algo como: "Ele não é tão bom quanto eu porque tem...". Complete a frase com o que quiser.

Se eu tivesse conseguido assimilar tudo, talvez não fosse tão difícil. Aprendemos a conviver com o que aconteceu e talvez distanciar um pouco o que aconteceu do presente. Mas foi um período irreal e tão catastrófico da minha vida que não existe a possibilidade de eu conseguir assimilá-lo. Um pequeno movimento, um leve barulho ou o cheiro de comida queimada me leva direto aonde estive. Posso falar sobre o que aconteceu, mas ninguém pode trazer alívio. Nesse sentido, os fascistas alcançaram uma vitória mundial. Temos de garantir que isso nunca mais volte a acontecer.

Rachel van Amerongen-Frankfoorder

Conheci Rachel e seu marido, Eddy van Amerongen, ex-diretor e editor do Nieuw Israëlitisch Weekblad (New Israelite Weekly), há vários anos quando um amigo em comum e muito próximo me contou sobre as experiências pelas quais ela passara no campo de concentração.

Em 1950, Rachel, Eddy e seus dois filhos se instalaram em Israel. Eles passavam praticamente todos os verões na Holanda para escapar do calor israelense. Aliás, para Rachel, a Holanda sempre foi um lugar importante – e não apenas por conta dos verões amenos.

Quando lhe telefonei, sendo muito cuidadoso, perguntei se era verdade que ela tinha visto Anne Frank no campo de concentração. Foi como se eu tivesse aberto uma porta há muito tempo trancada. A ligação acabou se estendendo bastante e ela me relatou muitas informações importantes sobre suas experiências. Somente mais tarde descobri que Rachel raramente falava sobre seu passado. "Quando retornei à Holanda, éramos muitas mulheres. E ninguém demonstrava muito interesse pelo que tínhamos passado. Estávamos mortas. Apagadas. Então, decidi nunca mais falar sobre o assunto. Nem mesmo com meus filhos."

Sua decisão de se abrir se provou uma catarse, uma libertação totalmente inesperada. "Foi muito mais difícil ficar em silêncio. Porque sempre volta, a memória. Agora, estou lhe contando coisas das profundezas da minha alma. Não quero fazer um drama enorme, mas é assim."

Nosso contato, que sempre foi considerável mesmo antes desse período, intensificou-se durante a produção do documentário. A filmagem do relato de Rachel aconteceu no verão de 1987.

Seu primeiro contato com Otto e Anne Frank se deu em Westerbork. Em Bergen-Belsen, ela ficou no mesmo galpão que Anne e Margot. Em fevereiro de 1945, foi transportada para Raguhn e, por fim, libertada do campo de concentração de Theresienstadt.

RACHEL VAN AMERONGEN--FRANKFOORDER

Nasci no Hospital Israelita Holandês, no canal Nieuwe Keizers, em 1914, e cresci do outro lado do rio IJ, na região norte de Amsterdã, onde vivíamos na Nachtegaalstraat.[4] Tive uma infância protegida em um ambiente socialista. Meu pai era tipógrafo. Eu tinha dois irmãos, que sofreram uma morte bastante infeliz com suas esposas no campo de concentração. Meus pais tiveram o mesmo destino. Sempre soube que o nazismo na Alemanha era muito ruim para os judeus e que cair em suas mãos significava o fim.

Trabalhei na Resistência durante a guerra. Consegui garantir cupons de racionamento por meio de um contato em uma instituição de trocas em Damrak. Eu entregava esses cupons às pessoas que buscavam esconderijo – judeus e não judeus.

No trem, no caminho de Roterdã a Amsterdã, fui presa por um oficial holandês da SS. Ainda posso vê-lo em minha frente: baixo, cabelos ruivos, barba também ruiva. Eu saberia distingui-lo em qualquer lugar. Os alemães não sabiam ao certo por que eu havia sido presa, mas tinham certeza de que minha carteira de identidade não era legítima; descobri que ele era especialista em averiguar isso.

4 Rachel van Amerongen-Frankfoorder faleceu em 2012. (N. E.)

Primeiro, fui levada à delegacia de polícia da Estação Central; depois, passei mais ou menos três semanas na cadeia da Amstelveenseweg.

Todos os prisioneiros foram levados de lá a Westerbork, onde não demoraram a nos entregar macacões e tamancos e a nos levar aos galpões "S" – os galpões da punição. Os homens tiveram seus cabelos raspados e passaram a usar um chapéu. Era terrível porque sentíamos medo o tempo todo – medo do que estava acontecendo com nossa família, pois eles não tinham mais notícias nossas.

Nos primeiros dias, trabalhei com as baterias. Depois que um transporte deixou Westerbork, eles precisavam de mulheres para trabalhar no serviço interno, perto da entrada do campo, então fui trabalhar lá. Isso significava esfregar e limpar os banheiros e entregar macacões e tamancos quando novos transportes chegavam.

De tempos em tempos, traziam-nos pessoas que não tinham recebido nada para comer nos galpões de trabalho. Elas chegavam muito enfraquecidas. Então tínhamos que colocar comida em suas marmitas. Depois, você podia conversar com as pessoas. Esse tipo de trabalho – as tarefas internas – eram as mais desejadas, mas, no meu caso, não fiz nenhum esforço especial para conseguir ficar nessa posição. Nossa equipe era composta por seis mulheres. Entre elas estava Mien Vitali, esposa de um limpador de chaminés italiano.

Encontrei Leo Bleek nos galpões "S". Ele havia sido meu gerente na Bijenkorf (uma loja de departamentos de Amsterdã), na qual trabalhei por treze anos. Era um homem muito alto, de boa aparência, inacessível e arrogante. Porém, agora estava desfigurado, andava com dificuldade, usando aqueles sapatos de madeira e não parecia mais tão alto.

Havia sido preso, mesmo sendo casado com uma não judia. Sua esposa era Cissy van Marxveldt, a famosa escritora de livros para garotas. Porém, isso não foi suficiente para salvá-lo, pois ele vinha trabalhando em um plano militar – ele ocupava uma posição de comando – para libertar a Holanda. Foi preso por conta disso e acabou nos galpões de punição em Westerbork, onde o encontrei. Apesar das péssimas circunstâncias, ele ficou muito feliz em me ver. Também fiquei feliz.

No passado, Leo Bleek fora o tipo de homem que, se você visse em um corredor da Bijenkorf, evitaria trocar olhares. Tinha uma expressão tão severa! Agora, todavia, esse traço havia desaparecido completamente. Leo Bleek se mostrava tão amigável e humilde quanto podia ser. Infelizmente, acabou fuzilado algumas semanas depois.

Eu também conhecia outras pessoas do campo. Leo Cohen, ex-superintendente de polícia em Amsterdã, era um amigo muito próximo. No futuro, depois da guerra, ele viria nos visitar. Ainda mantemos contato com sua viúva.

No galpão "S" também conheci a família Frank: Otto Frank, sua esposa e duas filhas. Otto me procurou com Anne e perguntou se ela poderia me ajudar. Anne era muito gentil e também perguntou se poderia me ajudar. Disse: "Posso fazer qualquer coisa. Sou muito habilidosa." Era uma garota muito doce, estava um pouco mais velha do que naquela foto que todos nós conhecemos, alegre e bem-disposta. Infelizmente, a decisão não era minha. Apresentei-a às pessoas responsáveis pelo galpão. Era o máximo que eu podia fazer.

Alguns dias depois, acredito que ela, a irmã e a mãe tenham ido trabalhar no departamento de baterias – afinal, quase todas as mulheres iam para lá, com exceção de uma delas, Lien van Os, que trabalhava para o comandante. Era uma mulher enorme, usava um macacão azul. Era chamada todas as manhãs e tinha que limpar o carro do comandante na garagem. Posteriormente, seria uma das primeiras no campo a morrer de tifo.

Todos eram divididos em grupos de trabalho; acho que as pessoas queriam trabalhar no serviço interno. Para dizer a verdade, essa preferência fazia muito sentido. Você não precisava ficar ao ar livre – exposta à chuva ou à lama. Limpar baterias não era nada agradável, nem limpar banheiros, mas as pessoas preferiam a segunda opção. Acho que Otto

Frank estava ansioso por arrumar um serviço interno para a filha mais nova. Foi por esse motivo que ele me procurou com Anne e não com a esposa nem com Margot. Acho que Anne era a menina dos olhos do pai. Otto Frank era um homem especialmente gentil e amigável. Dava para perceber que já tinha vivido momentos melhores. A família toda era adorável.

Não voltei a encontrá-lo, ou à sua família, em Westerbork. Na ocasião, pensei que tivessem sido transferidos para galpões *vrije* (livres). As pessoas achavam muito importante se livrar dos galpões de punição. Eu não considerava isso tão importante – afinal, você estava preso, independente de onde estivesse. Nunca tentei sair dos galpões de punição porque pensava: "O que vem depois?". Afinal, eu sabia que as pessoas dos galpões livres tinham a mesma chance de serem colocadas nos transportes. Ouvimos casos de pessoas que tinham ido para Bergen-Belsen, um campo com boa reputação. E ir parar em Theresienstadt, isso era uma espécie de apogeu. Minha posição era bastante indiferente. Eu só queria uma coisa: liberdade.

Era terrível quando um transporte chegava. Você tinha que colocar as roupas das pessoas em sacos. Sob a supervisão de Abraham van Witsen, os sacos cheios de roupas eram levados para o armazém e alocados em prateleiras. Quando as pessoas eram colocadas no transporte, você precisava ir buscar as roupas delas e devolver – sempre um trabalho horrível. Tudo aquilo era muito, muito ruim. Confrontos desagradáveis. Você sabia muito bem qual era o destino daquelas pessoas, que significava sempre uma coisa: a morte.

Eu tinha plena consciência, e acho que a maioria das pessoas também se dava conta. Ninguém se atrevia a dizer em voz alta, mas todos queriam ficar o máximo de tempo possível na Holanda. Era isso que eu achava importante em Westerbork, independentemente de como fosse horrível aquele lugar.

Meu contato com Otto Frank foi bem limitado, assim como a maioria dos contatos em Westerbork. Mais tarde, infelizmente, voltei a ver as duas garotas. Não voltávamos a ver as pessoas que eram retiradas dos galpões de punição. É desnecessário dizer que você nunca mais via as pessoas que iam para o transporte. Ao anoitecer, acontecia o anúncio dos nomes daqueles que teriam de ir. E existia o medo perene de nosso nome estar na lista. Sempre pensávamos: "Ah, espero que a libertação aconteça logo". Porque recebíamos notícias de que a libertação era iminente. Era uma corrida contra o tempo e todos nós tínhamos esperança. Infelizmente, essa esperança nunca se materializava.

Vários dias antes de irmos para o transporte, um grupo – composto em especial por presos políticos, pessoas que haviam feito parte da Resistência – foi levado oficialmente diante dos principais comandantes nazistas: Gemmeker, Aus der Fünten e Fischer. Ali, as acusações apresentadas contra nós foram lidas em voz alta, e então pudemos sair. Tive uma sensação terrível de que alguma coisa horrenda estava prestes a acontecer. Isso foi pouco antes do último transporte de 3 de setembro de 1944. À noite, os nomes foram lidos em voz alta. O meu, inclusive. E aí você sabia: estava prestes a deixar a Holanda. E podia simplesmente deixar de lado todas as esperanças.

Fomos levados em vagões de gado, aos trancos, fazendo muitas paradas. Logo ficou claro para mim que estávamos a caminho da Polônia.

No vagão, tudo era muito constrangedor. As pessoas tinham que fazer suas necessidades abertamente. De tempos em tempos, um homem ficava na sua frente – o que é constrangedor, mas você se sentia melhor por estar escondida por um momento.

Um homem gigante, um polonês chamado Loew, estava conosco. Como era muito alto, podia olhar pelas barras de ferro das janelinhas na parte superior do vagão de gado. E nos dizia mais ou menos em que sentido estávamos indo. Ficou muito agitado quando reconheceu sua casa. E aí percebemos que estávamos nos arredores de Auschwitz.

Quando chegamos a Auschwitz, tantas coisas se passavam em minha cabeça, que era praticamente impossível interpretá-las. Daí, perdíamos a noção do bem e do mal. Nossos nomes eram chamados, e então homens, homens idosos, crianças, mães jovens com seus filhos eram separados de nós. Éramos levados a uma pequena sala em que as mulheres se sentavam em fileiras e tínhamos de expor o braço esquerdo para ser tatuado. Meu número era 88 410.

Tínhamos que abrir a boca porque dentes de ouro e obturações precisavam ser registrados. Tudo era tão singularmente, tão impressionantemente humilhante. Eu me sentia como um animal – as pessoas sempre olham dentro da boca dos animais.

Depois disso, vinha a seleção – o que só entendi depois. Fileiras longas eram formadas. Acho que Mengele participava. Não tenho certeza, ele não se apresentou. À esquerda, à direita. A senhora van Schaik estava na minha frente. Ela teve que ir para a esquerda. Olhei para ela e recebi um golpe do homem que fazia a seleção. Ele me perguntou: "Também quer ir para aquele lado?". E me empurrou para a direita, porque era ali que eu pertencia, à direita. Felizmente, a senhora van Schaik pôde se reencontrar conosco mais tarde. Como? Isso eu não sei. Ela contou que havia passado por situações terríveis.

Depois seguimos para Birkenau, o campo feminino, nosso destino. Lá, encontrei a senhora Kautsky, esposa de Karl Kautsky, o líder social-democrata alemão que havia fugido para a Holanda em 1933 e morrido lá. Mas, depois de alguns dias, não voltei a vê-la. Eu naturalmente tinha um interesse enorme por aquela mulher.

Fomos levados aos galpões. Sim, aos currais. Tínhamos que passar o dia inteiro lá – sem trabalho, sem absolutamente nada a fazer. O mais difícil, para mim e para muitos outros, era não poder sair para usar o banheiro. Horrível. Estávamos com mulheres polonesas, tchecas, francesas, belgas e húngaras – uma miscelânea enorme. Nunca voltávamos a ver muitas das mulheres que tínhamos conhecido no transporte. Não sabíamos se elas estavam em outros galpões.

O que também era muito terrível em Birkenau eram as contagens constantes. Toda vez do lado de fora, às vezes durante domingos inteiros, no frio e na chuva. Com frequência, tínhamos que ficar nuas para sermos examinadas: cada arranhão, cada espinha podia significar a morte. As polonesas, que tinham enfrentado aquele tipo de seleção por muito mais tempo, sabiam se esquivar. Mas nós, holandesas, não sabíamos como agir. Esperávamos a contagem obedientemente. Aonde poderíamos ir? Imagine se tentássemos fugir... Seríamos pegas de imediato. Nem valia a pena tentar. Era simplesmente impossível.

Em nosso grupo havia uma ruiva muito gentil, Julia, que arrumou briga com Hanka, uma Kapo de dezesseis ou dezessete anos, que era bastante dura conosco; ela nos batia com um porrete. Repetidas e repetidas vezes tínhamos que formar fila, e que Deus nos protegesse se a conta não fechasse. Se alguém estivesse faltando, éramos contadas outra vez, e contadas outra vez, de modo interminável. A contagem era especialmente importante quando éramos inspecionadas em buscas de arranhões e coisas assim, porque nessas ocasiões os números tinham de fechar com precisão. Então, ela tinha que anotar o número de pessoas contadas em uma lista.

Julia não suportava a forma como Hanka nos tratava, e então se rebelou.

"Quem você pensa que é? Quando sairmos daqui, vou me casar com o homem mais importante da Holanda."

De fato, Julia sobreviveu ao campo e se casou com o comerciante de diamantes Jo Asscher.

Depois de ser confrontada por Julia, Hanka nos contou que seus pais haviam sido espancados até a morte naquele lugar onde ela estava parada – e apontou o lugar exato. E continuou: "Estou aqui há anos, e vocês acabaram de chegar."

Acho que Hanka tinha uma imagem bastante distorcida dos holandeses, porque nós, judias holandesas, tínhamos de fato levado vidas protegidas; podíamos nos tornar o que quiséssemos e aprender o que quiséssemos, contanto que houvesse oportunidades. Sendo uma judia polonesa, ela não tivera essa oportunidade. Deparou-se com um grupo de holandesas bem alimentadas e saudáveis e que ainda não haviam passado fome.

Depois que Hanka nos contou aquilo, comecei a entendê-la melhor. Perdoei seu comportamento. Acredito que ela nem soubesse onde a Holanda ficava – uma terra muito distante, da qual ela provavelmente sequer ouvira falar. E aí chegou aquele grupo de mulheres que não tinha passado por praticamente nada, e ela não gostou.

Perto de nós, vimos uma área com ciganas e crianças gritando, berrando. No dia seguinte, não estavam mais lá. Nós entendíamos, mas não sabíamos com exatidão o que estava acontecendo. Só vimos depois.

Fomos levadas várias vezes a um grande corredor, onde tivemos que tirar as roupas e ser desinfetadas. Aquele odor penetrante ainda me assombra de tempos em tempos. É muito característico o cheiro daquele desinfetante.

E aí íamos para a sauna. Foi a primeira vez que ouvi essa palavra, que tinha um significado muito diferente do atual. Ainda assim, não suporto ouvir essa palavra. Tínhamos de nos sentar lá, nos despir, e então íamos para os infames chuveiros. Naquela primeira vez, eu não sabia o que isso significava. O que saiu foi água. Se não fosse, eu não estaria aqui para contar a história.

Na segunda ocasião, olhei através das barras de ferro – os nazistas usavam muitas dessas barras de ferro – e vi garotas gritando para tentar salvar suas vidas. Provavelmente já estavam prestes a se tornarem vítimas do gás. E aí nos demos conta de tudo aquilo. Também as ouvimos. Finalmente víamos, o tempo todo, a fornalha com sua chama enorme. Sentíamos o cheiro de carne humana queimada. E, em todos os cantos, víamos o desespero. Era uma existência terrível, sem esperanças.

No lavabo, estavam potes alinhados – às vezes com, às vezes sem água – e os chuveiros. Encontrei a senhora Leopold ali. Eu tinha trabalhado na loja Bijenkorf por treze anos, de 1928 até minha dispensa, em 1941. Conheci a senhora Leopold na loja. Era uma mulher muito elegante, sempre com uma aparência maravilhosa. Era chefe do departamento de arte. Agora, nada lhe restava daquela elegância. Nada. Ela estava ali, parada, se lavando. Magra e com uma aparência terrível.

Também encontrei Bella Fierlier ali. Gostaria de dizer algo a seu respeito. Bella, assim como muitos outros judeus, trabalhava comigo no escritório da Bijerkorf. Era uma garota simples, sociável e dócil de dezesseis anos. Agora, de repente, Bella havia se tornado uma mulher acabada, com os olhos sábios de uma idosa. Tinha chegado ali muito antes de nós. Eu a via todos os dias e sempre conversávamos. Certo dia, Bella veio até mim para se despedir. "Vim dizer adeus. Meu número estava na lista hoje. Vou para a fornalha."

Apesar de estar ali, apesar de, àquela altura, eu saber o que acontecia em Birkenau, aquilo foi a pior coisa que me aconteceu. Foi angustiante, foi trágico, foi terrível. Tentei consolar Bella: "Ah, como você sabe? Pode ser que tudo dê certo. A gente nunca sabe..."

Ela disse: "Eu sei. Amanhã, vou para a fornalha."

Aquela mesma menina, aquela menina doce, gentil, inocente disse essas palavras e, até hoje, nunca consegui esquecer.

As mais horríveis execuções e torturas aconteciam diante de nós no espaço em que era feita a contagem. Éramos forçadas a enfrentar o terror. Víamos forcas, víamos carriolas com mortos sendo empurradas por cadáveres ambulantes, esqueletos, com cordas por sobre os ombros. Eles empurravam as carriolas enquanto a orquestra tocava "Rats, bread, and beans". Depois da guerra, nunca mais consegui ouvir essa música.

Lembro-me especialmente de Marcelle Wertheim-Citroen. Ela usava sua porção racionada de margarina não para comer com o pedaço de pão que recebíamos, mas para besuntar o rosto. Achávamos tragicômico. Porém, esse gesto não protegeu a pobre Marcelle; nunca mais a vimos.

Também tive muito contato com Elly de Jong. Era casada com um artista, um casamento misto, e vinha de boa família. Seu pai era proprietário de uma plantação de açúcar e ela fora criada com uma educadora. Elly achava aquilo muito constrangedor, especialmente por conta de suas ideias socialistas. Ela me contou uma história comovente. Ainda jovem, foi a um tarólogo que pedira algo pessoal – uma peça de roupa.

Ela não tinha nada além de uma luva naquela ocasião. O tarólogo disse: “Não, não posso lhe contar nada. Vá embora. Agora. Não posso dizer o que estou vendo.”

Ela se lembrava claramente da experiência e agora sabia o que o leitor de cartas tinha visto. As pessoas buscavam experiências do passado para tentar interpretar o que estava acontecendo com elas.

Ouvíamos rumores sobre a libertação, rumores de que os russos estavam se aproximando, e todos pensávamos: “Tomara que eu não precise ir para a câmara de gás no último minuto...”

Aviões cruzavam o céu. Eu sempre olhava para os aviões. E pensava: “Por quê? Por que vocês não lançam bombas sobre esses campos?”. Eu sabia que isso também significaria nosso fim, mas pelo menos parecia um fim mais honrado do que ir para a câmara de gás. Não aconteceu. Por que não? Bem, essa é uma pergunta que permanece ainda hoje aberta.

Os Aliados, afinal, certamente sabiam de tudo; entendíamos assim. E entendíamos que eles nos deixavam enfrentar aquele inferno, que não faziam nada e que também deixavam os trens chegarem a Auschwitz, a Birkenau, o tempo todo, muito embora soubessem o que acontecia ali. Agora temos certeza de que, para eles, a guerra era muito mais importante do que os judeus. Essa provavelmente é a resposta para a pergunta aberta.

✡

Sempre invejei os pássaros, que podem voar para longe. Para mim, parecia fantástica a ideia de poder voar, de ir aonde quisesse. E não se podia fazer isso no campo. Os pássaros eram o fio condutor em todos os campos. Víamos em todos os cantos; em todo lugar havia pássaros, mesmo em Auschwitz, mesmo em Birkenau, e certamente em Bergen-Belsen, onde era tão lindamente verde e, ao mesmo tempo, tão terrivelmente cinza.

A fome ainda não era prevalecente entre nós, holandesas, em Auschwitz. Não recebíamos o suficiente mas, ainda assim, haviam nos alimentado bem em Westerbork, onde não havia fome porque as pessoas, até mesmo nos galpões de punição, recebiam alguns pacotes de comida. Também recebi um pacote certa vez. Éramos alimentadas e, se faltava alguma coisa, outra pessoa costumava ter. Existia uma atmosfera positiva de solidariedade nos galpões de punição de Westerbork. Tampouco sofri de fome em Auschwitz e Birkenau.

Vi esqueletos ali, pessoas que iam pouco a pouco emagrecendo completamente. Eram chamadas de *muzelmannen* (pessoas claramente sofrendo de inanição, em pele e ossos). Mas nunca tive uma imagem clara de como a situação chegava àquele ponto para elas ou por que não eram mandadas para as câmaras de gás.

Em Auschwitz, nunca refleti muito sobre como sair viva. Eu tinha me familiarizado com as fornalhas e suas chamas, com a fumaça constante. Não sabia de nada. Não sabia por que tinha de ficar ali, parada, durante as contagens. Ou por que não estava naquele mar de chamas. Nunca entendi como uma pessoa sequer saiu viva daquilo.

Não conseguia compreender o fato de as pessoas irem para as câmaras de gás – era algo colossal demais. Tínhamos que bloquear esse tipo de pensamento, porque poderia acontecer conosco a qualquer momento. Se descobrissem algo a nosso respeito... Se, por exemplo, não estivéssemos no lugar ao qual pertencíamos, então era impossível saber se nossos números seriam ou não listados. Na verdade, não era necessário um motivo para o nome figurar na lista – veja o que aconteceu com Bella, com a senhora Leopold, com quem eu me encontrava diariamente. O que elas tinham feito? Então, nossas chances eram enormes. Elas agora, nós em seguida.

Eu realmente acreditava que aquela sensação de irrealidade era parte da minha sobrevivência: meu distanciamento, a distância da situação, a distância da ideia de me alimentar. Porque a existência era muito difícil, ficar em pé, ser um pouco humana, o pouco necessário para ainda ter uma conversa. Mas a sensação da morte – é tão difícil descrever porque, quando você via aqueles esqueletos passarem diante de seus olhos, sim, era um espetáculo tão horrível que você não podia se permitir qualquer envolvimento. Sentir pena dos outros era sentir pena de si mesmo, e eu definitivamente não queria isso. Porque, uma vez que você começava, acabava se entregando paulatinamente. E essa era minha força. Eu, com certeza, não queria perdê-la. Não queria morrer, embora soubesse que havia cem por cento de chance de isso acontecer. Era exatamente isso que era insano, o fato de não irmos para as fornalhas. Ainda penso nisso. Felizmente, não penso todos os dias, mas há, sim, momentos em que simplesmente não consigo assimilar.

Ficamos muito contentes por deixar Auschwitz. Seguimos em um transporte rumo a Bergen-Belsen. Os russos estavam se aproximando e os nazistas queriam que fôssemos embora. É claro que isso ainda é estranho, se você parar para pensar. Por que, mesmo, fomos colocados naqueles transportes quando eles tinham todos os meios de acabar com nossas vidas?

O grupo que foi para Bergen-Belsen consistia em muitas mulheres que tive a oportunidade de conhecer em Birkenau, inclusive algumas que eu havia conhecido em Westerbork. Algumas em nosso grupo ficaram para trás. Novos grupos eram formados o tempo todo. Mas poucas holandesas foram junto comigo.

De repente, antes de nossa partida, um desconforto tomou conta de Auschwitz. Havia rumores de que os russos estavam por perto. Isso significava um extermínio completo e acelerado, todos seguindo para as câmaras de gás? Ou esses rumores traziam um pouco de esperança de uma possível libertação, mesmo sendo difícil entender como ela aconteceria? Mas o extermínio era, obviamente, o objetivo de Auschwitz e Birkenau. A câmara de gás tinha que funcionar e as fornalhas precisavam queimar.

Fomos ao transporte. Inicialmente, a sensação era de felicidade – de estar longe do horror, da chance de ir a qualquer instante para a câmara de gás. Talvez uma nova chance, uma chance maior de viver. Todos recebemos um pedaço de pão com uma ninharia de margarina e um pedaço de queijo de cabra. Horrível! Por sermos holandesas, nunca tínhamos comido aquilo. E era realmente nojento. Havia um mercado paralelo de queijo de cabra e alho. As polonesas eram loucas por alho e estavam dispostas a trocar uma fatia de pão por um dente de alho. Nós, holandesas, não participávamos muito desse mercado; afinal, alho era algo desconhecido para nós naqueles anos.

Toda viagem de trem – e aquela não foi diferente – era acompanhada por tensão, medo e condições horríveis. Não se sabia quanto tempo aquilo duraria, não sabíamos para onde estávamos indo. É claro que não nos davam essas informações. Fazia frio, muito frio, e é desnecessário dizer que não tínhamos muita roupa. E havia a incerteza acerca de quanto tempo aquilo duraria. Muitas pessoas eram amontoadas naqueles trens, e havia muitas irritações. Ninguém conseguia segurar as necessidades por muito tempo, então o cheiro era horrível. Por todos os cantos, as pessoas choravam. Sempre ficávamos amontados, nunca tínhamos espaço. Você se sentava por dias a fio naquele vagão de carga, e sempre havia um soldado armado na entrada. De vez em quando, conseguíamos dormir mas, na maior parte do tempo, dormir estava fora de cogitação.

Por fim, chegamos a Bergen-Belsen, um lugar muito, muito bonito, com verde e árvores. A natureza era bela ali, bem diferente da apatia de Auschwitz.

Bergen-Belsen não havia sido planejado para receber tantas mulheres. Fomos a um campo diferente daquele que já existia. Mais uma vez, éramos condenadas, então fomos colocadas em grandes tendas erguidas sem qualquer cuidado. Centenas e centenas de mulheres. Porém, um forte temporal rasgou as tendas e fomos arrastadas com elas. A chuva transformou tudo em um mar enorme e gelado de lama, onde tivemos que ficar. Muitas tiveram diarreia e inflamações na bexiga. Foi um caos horrível.

Não tínhamos ideia do que estava acontecendo conosco. Cuidamos umas das outras – havia muitas holandesas ali, mas, sim, eu também gostava das mulheres de outras nacionalidades. Mais uma vez, estávamos com todo tipo de mulher.

Ficamos naquela tenda caída por vários dias. Enquanto isso, encontravam abrigo para nós nos galpões existentes. Não sei como isso acontecia, não prestei atenção. Fomos levadas mais uma vez e, é claro, não explicavam nada. Simplesmente seguíamos. Não éramos nada além de uma espécie de gado. Fomos retiradas das barracas e levadas aos beliches, duas a duas. Não importava se as duas mulheres se conheciam ou se gostavam uma da outra. Tinha que ser assim. No mesmo instante, procurávamos um lugar. Se houvesse uma vaga, ficávamos muito felizes. Era importante se dar bem com a colega de beliche. Na maioria das vezes, funcionava.

Fiquei na parte de cima, com uma jovem chamada Margulies. À noite, ela ia até a cerca de arame farpado, que não ficava longe de onde estávamos. Do outro lado daquela cerca estava o conhecido "campo livre". Ela voltava trazendo um pouco de mostarda. Até aquela época, eu não tinha ideia de que aquele molho era tão gostoso, pois não havia provado. Era muito saboroso. Ela ia lá todas as noites.

Eu controlava, o máximo que podia, qualquer sensação verdadeira de fome. Ouvia as mulheres falarem, especialmente em nosso galpão em Bergen-Belsen, sobre o que comeriam quando fossem libertadas. Ovo frito, preparado de várias formas. Jantares inteiros eram parte das fantasias. Eu quase sentia enjoo. E pensava: "Isso, não. Não vou sucumbir a isso".

Acima de qualquer coisa, minha atenção estava concentrada na liberdade. Eu não permitiria que uma fatia a mais ou a menos de pão fosse minha salvação. E, desde o início, desde minha prisão no trem, eu sabia

Willy Lindwer

Hannah Pick-Goslar.

Acervo pessoal de H. Pick-Goslar

Anne Frank aos 13 anos, no Liceu Judaico. Amsterdã, 1942.

Willy Lindwer

Janny Brandes-Brilleslijper.

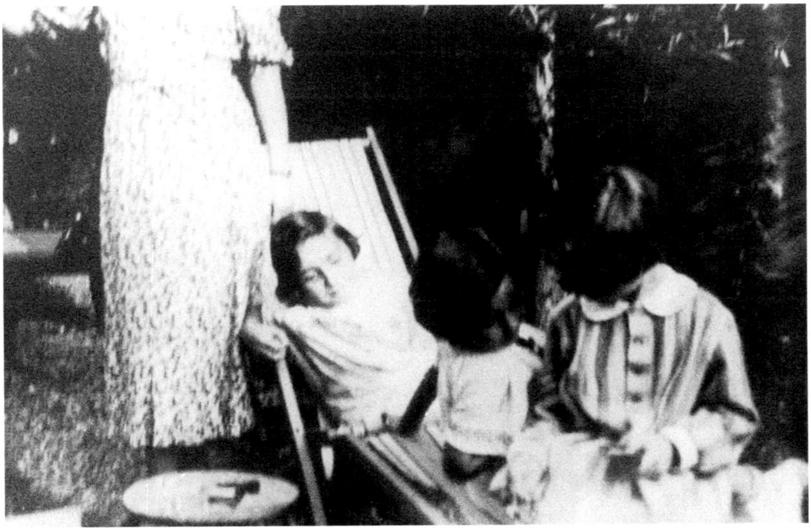

Acervo pessoal de H. Pick-Goslar

Amsterdã, 1934. Na espreguiçadeira, Margot Frank; no meio, Anne; à direita, Hannah (Hanneli) Pick-Goslar.

Willy Lindwer

Hannah Pick-Goslar
- "Lies Goosens" no *Diário de Anne Frank*
- em Merwedeplein, 1987.

Acervo pessoal de H. Pick-Goslar

Hanneli com o pai, Hans Goslar,
na Merwedeplein, Amsterdã,
por volta de 1935.

Hanneli com a irmã
mais nova, em 1941.

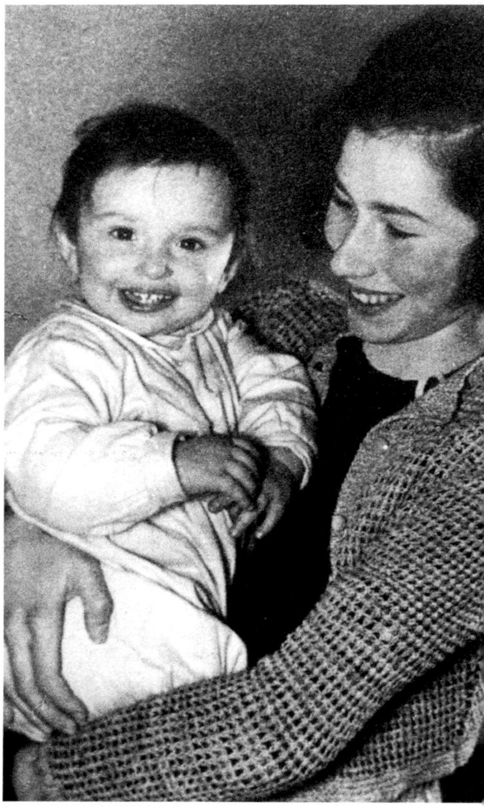

Acervo pessoal de H. Pick-Goslar

Acervo pessoal de H. Pick-Goslar

Na caixa de areia da filha de um vizinho em Merwedeplein, Amsterdã, 1937. À esquerda, Hanneli; ao seu lado, Anne.

Anne e Hanneli em Merwedeplein, maio de 1939.

Acervo pessoal de H. Pick-Goslar

Acervo pessoal de H. Pick-Goslar

Verjaardagspartijtje van
Anne Frank 12-6-1939
l. naar rechts:
Lucie v. Dijk
Anne Frank
Suzanne Ledermann
Hanneli Goslar

Anne com as amigas. Da esquerda para a direita: Lucie van Dijk, Anne Frank, Suzanne Ledermann, Hanneli Goslar, Juultje Ketellapper, Kitty Egyedi, Mary Bos, Rie (Ietje) Swillens e Martha van den Berg. INSERÇÃO: "Festa de aniversário de Anne Frank, 12-6-39". Anne escreveu isso para Hanneli Goslar na parte de trás de uma fotografia tirada em seu décimo aniversário.

O Colégio Frederik, em Voormalige Stadstimmertuinen, Amsterdã, foi usado durante a guerra como Liceu Judaico. Um regulamento alemão exigia que os alunos judeus frequentassem essa escola. Anne e Hannah passaram vários anos juntas. Do outro lado da rua fica o colégio judaico, que funciona até os dias de hoje.

Acervo pessoal de Jan Wiegel

A sala de aula do jardim de infância da Sexta Escola Pública Montessori, no sul de Amsterdã, em 1935, onde Anne (circulada à direita) e Hanneli (circulada à esquerda) passaram vários anos juntas. Com base nesta clássica fotografia, Jan Wiegal, que estava naquela turma, fez o filme *The Class*, em 1969.

Willy Lindwer

Hannah Pick-Goslar durante as filmagens do documentário para a TV, em frente à Sexta Escola Pública Montessori, que agora foi renomeada em homenagem a Anne Frank. Palavras do diário de Anne estão estampadas na fachada.

Anne no Colégio Montessori.

Janny Brandes-Brilleslijper em Amsterdã, na primavera de 1941.

Janny e Bob com os filhos, Rob e Lilo, pouco tempo depois da libertação.

Em 1939, Janny Brilleslijper casou-se com Bob Brandes.

Rachel van Amerongen-Frankfoorder no início da guerra.

Acervo pessoal de B. Evers-Emden

Bloeme Emden no Liceu Judaico, 17 de dezembro de 1941.

Acervo pessoal de B. Evers-Emden

Fotografia da quarta turma do Liceu Judaico, Amsterdã, tirada no ano letivo de 1941-1942. Bloeme Emden aparece sentada na frente, um pouco à direita do centro.

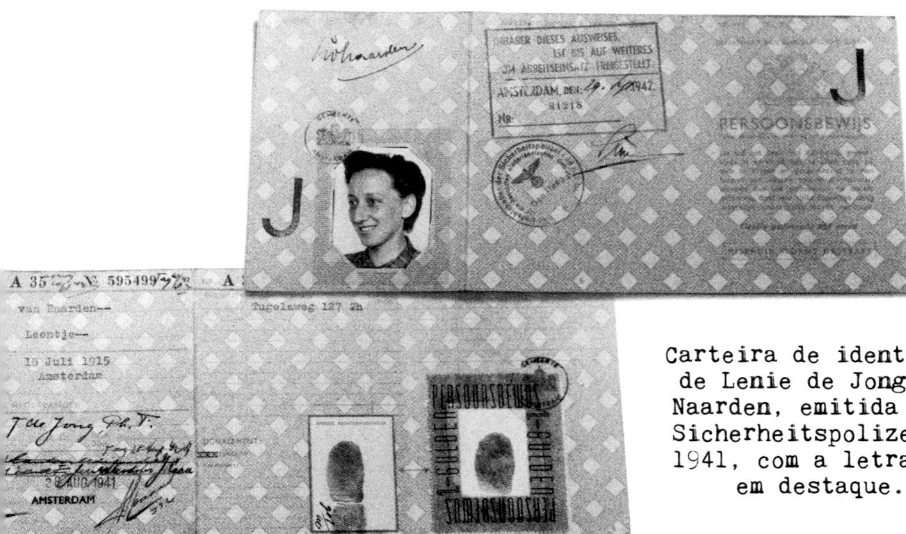

Acervo pessoal de L. de Jong-van Naarden

Carteira de identidade de Lenie de Jong-van Naarden, emitida pela Sicherheitspolizei em 1941, com a letra "J" em destaque.

Willy Lindwer

Hannah Pick-Goslar, de volta à sua sala de aula após 47 anos. O interior da escola continua em sua forma original.

Acervo pessoal de R. Goldstein-van Cleef

Ronnie van Cleef, em setembro de 1940.

Rachel van Amerongen-Frankfoorder.

Willy Lindwer

Bloeme Evers-Emden.

Willy Lindwer

Lenie de Jong-van Naarden.

udentransport aus den Niederlanden – Lager Wester

3.September — Blatt 7

am Haeftlinge 194 .

3o1.	Engers	Isidor	3o.4. 93	Kaufmann
3o2.	Engers	Leonard	13.6. 2o	Landarbeiter
3o3.	Franco	Manfred	1.5. o5	Verleger
3o4.	Frank	Arthur	22.8. 81	Kaufmann
3o5.	Frank	Isaac	29.11.87	Installateur
3o6.	Frank	Margot	16.2. 26	ohne
3o7.	Frank	Otto	12.5. 89	Kaufmann
3o8.	Frank-Hollaender	Edith	16.1. oo	ohne
3o9.	Frank	Anneliese	12.6. 29	ohne
31o.	v.-Franck	Sara	27.4. o2	Typistin
311.	Franken	Abraham	16.5. 96	Landarbeiter
312.	Franken-Weyand	Johanna	24.12.96	Landbauer
313.	Franken	Hermann	12.5. 34	ohne
314.	Franken	Louis	16.8. 17	Gaertner
315.	Franken	Roselina	29.3. 27	Landbau
316.	Frankfort	Alex	14.11.19	Dr.i.d.Oekonomie
317.	Frankfort-Elsbas	Regina	11.12.19	Apoth.-Ass.
318.	Frankfoort	Elias	22.1o.98	Schneider
319.	Frankfort	Max	2o.8. 21	Schneider
32o.	Frankfort-Weijl	Hetty	25.3. 24	Naeherin
321.	Frankfort-Werkendam	Rozette	24.6. 98	Schriftstellerin
322.	Frijda	Herman	22.6. 87	Hochschullehrer
323.	Frenk	Henriette	28.4. 21	Typistin
324.	Frenk	Rosa	1[illegible].3. 24	Haushalthilfe

Com precisão assustadora, os nazistas mantinham uma lista dos nomes das 1019 pessoas, entre elas a família Frank, presentes no último transporte a deixar Westerbork, em 3 de setembro de 1944, rumo aos campos de extermínio alemães.

O Anexo foi transformado em museu em 1957 e está aberto ao público. ilhares de turistas de todo o mundo visitam a Casa de Anne Frank.

Willy Lindwer

No dia após sua prisão, a família Frank foi transferida à Huis van Bewaring, uma prisão na rua Weteringschans. (Fotografia tirada em 1987.)

State Institute for War Documentation

Guiado por Karl Silberbauer, da SD, o carro com *onderduikers* (refugiados em esconderijos) foi diretamente da Prinsengracht até o quartel da SD em Amsterdã. Duas escolas haviam sido requisitadas para funcionar como sede da SD.

State Institute for War Documentation

Em 8 de agosto de 1944, o transporte levando, entre outras pessoas, a família Frank, deixou a Estação Central de Amsterdã rumo a Westerbork.

State Institute for War Documentation

Desde o início da prisão dos judeus, no verão de 1942, o campo de Westerbork, em Drente, foi usado como campo de trânsito, parte da máquina de deportação usada para enviar os judeus a diferentes campos de concentração nazistas.

State Institute for War Documentation

O campo era guardado pelas polícias civil e militar holandesas. Entre o verão de 1942 e a primavera de 1944, 85 transportes deixaram Westerbork rumo aos campos de concentração - sendo 19 para Sobibor e 66 para Auschwitz. Quando a família Frank chegou no dia 8 de agosto de 1944, aproximadamente 100 mil judeus haviam sido enviados ao "Leste".

Em 3 de setembro de 1944, depois de um mês em Westerbork, a família Frank partiu em um transporte para Auschwitz-Birkenau.

Willy Lindwer

Auschwitz-Birkenau em 1987. Depois de uma viagem exaustiva de vários dias, o trem - o último a deixar Westerbork - chegou a Auschwitz na madrugada entre 5 e 6 de setembro de 1944.

State Institute for War Documentation

Logo após chegarem a Auschwitz-Birkenau, homens e mulheres eram separados. Uma seleção acontecia já na plataforma.

549 das pessoas do último transporte, incluindo todas as crianças com menos de 15 anos, foram assassinadas nas câmaras de gás de Auschwitz-Birkenau em 6 de setembro de 1944, mesmo dia em que chegaram. Anne escapou desse destino porque, aos 15 anos, aparentava ser um pouco mais velha.

State Institute for War Documentation

A chamada (ou contagem) das mulheres no campo de Auschwitz-Birkenau. Quando o último transporte vindo de Westerbork chegou, aproximadamente 2 milhões de judeus já tinham sido vítimas das câmaras de gás. Naquela época, havia aproximadamente 39 mil mulheres no campo. Edith Frank e suas filhas, Margot e Anne, foram colocadas no *Frauenblock* (bloco feminino) de número 29. Ao final de outubro de 1944, os russos estavam a 100 quilômetros de Auschwitz. A partir desse momento, um grande número de transportes deixou a área feminina de Auschwitz-Birkenau rumo a outros campos de concentração. Algumas das mulheres foram levadas a outro campo de trabalho, Libau, onde foram colocadas para trabalhar em fábricas que produziam bens para a máquina de guerra alemã. Anne e Margot foram levadas em 28 de outubro a Bergen-Belsen, onde chegaram mais ou menos dois dias depois.

Willy Lindwer

Bergen-Belsen, em 1987. Bergen-Belsen foi originalmente pensado como um campo de trânsito para judeus que seriam trocados por alemães nas áreas fora do controle nazista. Não existiam câmaras de gás em Bergen-Belsen, que ficava situado em uma parte improdutiva do pântano de Lüneburg, no norte da Alemanha. Todavia, os padrões de vida nesse campo eram tão terríveis, particularmente nos últimos meses da guerra, que 10 mil pessoas morreram ali.

Bergen-Belsen não estava preparado para o grande número de transportes que, ao final da guerra, chegaram de Auschwitz-Birkenau e também de outros campos de concentração.

State Institute for War Documentation

State Institute for War Documentation

As mulheres foram inicialmente colocadas em tendas e, após os fortes temporais do outono de 1944, transferidas para galpões menores.

Willy Lindwer

Para o documentário televisivo, Hannah Pick-Goslar retornou a Bergen-Belsen, onde havia conversado algumas vezes com Anne no início de 1945, pouco antes da morte das irmãs Frank.

State Institute for War Documentation

Estas fotografias foram tiradas pelo exército britânico logo após a libertação de Bergen-Belsen, no dia 15 de abril de 1945, algumas semanas após a morte de Margot e Anne Frank.

State Institute for War Documentation

Das dezenas de milhares de prisioneiros que vieram a óbito em Bergen-Belsen, a maioria morreu poucos meses antes ou nas semanas seguintes à libertação.

Declaração entregue por Janny Brandes-Brilleslijper a Otto Frank em 1946, atestando a morte de Anne e Margot Frank.

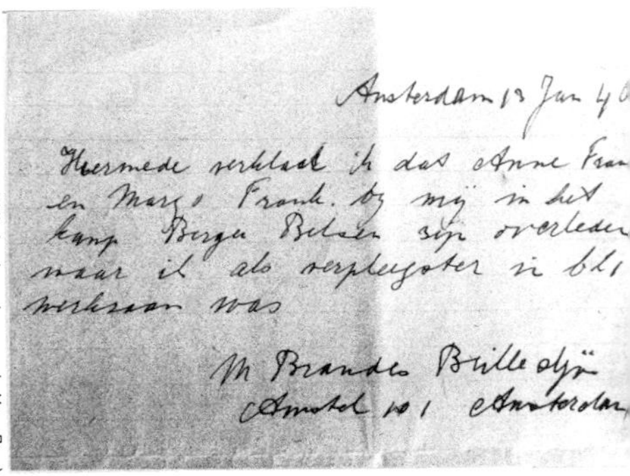

Amsterdam 13 Jan 4

Hiermede verklaar ik dat Anne Fran
en Margo Frank bij mij in het
kamp Bergen Belsen zijn overleden
waar ik als verpleegster in bl
werkzaam was

M Brandes Brilleslijper
Amstel 101 Amsterda

Willy Lindwer (acervo de Miep Gies)

Willy Lindwer

Ronnie Goldstein-van Cleef.

que estava próxima do fim. Então, cada dia que eu passava viva era uma conquista. Os golpes de fome não ajudavam. Não que eu não estivesse com fome, é óbvio. Todas nós tínhamos fome. Mas eu me concentrava na imagem da liberdade. Temia por meu marido e meus filhos, e esses sentimentos me dominavam. Para dizer a verdade, a sensação de medo era a dominante enquanto estive presa. O que, afinal, era um pedaço de pão conquistado com tanto esforço, se você tinha de ir à cerca de arame farpado para consegui-lo para pessoas que sequer conhecia? Eu simplesmente me desprendi. Também tinha medo de ser punida se fosse pega. E também queria evitar esforços para manter minha força.

Voltei a ver Anne e sua irmã Margot nos galpões. Seus pais não estavam lá. Não fazíamos perguntas, afinal, sabíamos o que tinha acontecido... considerando as próprias experiências com pais, irmãos e assim por diante. Sim, tínhamos suspeitas, mas nada era explicitamente confirmado. As irmãs Frank estavam quase irreconhecíveis depois que seus cabelos foram cortados. Estavam com os cabelos muito mais curtos do que os nossos. Não sei o motivo. E, como todas nós, estavam com frio.

Era inverno e não tínhamos roupas. Portanto, todos os ingredientes para a infestação de doenças estavam presentes. Elas não estavam saudáveis. A cada dia ficavam mais fracas. Mesmo assim, iam à cerca do chamado "campo livre" todos os dias, esperando conseguir alguma coisa. Eram muito determinadas. Tenho quase certeza de que encontraram alguma conhecida ali. Elas assumiram um risco enorme, pois era proibido chegar perto da cerca e nossas Kapos não eram nada lenientes. Às vezes, elas recebiam pacotes que eram jogados por cima do arame farpado. E voltavam eufóricas, muito felizes. Sentavam-se e comiam, com um prazer enorme, o que tinham conseguido. Mas dava para perceber que estavam muito doentes.

As irmãs Frank estavam muito magras, com uma aparência terrível. Tinham algumas brigas causadas pela doença, porque estava claro que haviam contraído tifo. Era possível perceber, mesmo se nunca tivéssemos visto alguém com a doença antes. O tifo era uma característica de Bergen-Belsen. Elas estavam com o rosto afundado, pele e osso. E sentiam muito frio. Ficavam no lugar menos desejável do galpão, na parte de baixo, perto da porta que era constantemente aberta e fechada. Era possível ouvi-las gritando o tempo todo: "Fechem a porta, fechem a porta". E suas vozes se tornavam mais fracas a cada dia.

Podíamos ver as duas morrendo, assim como outras mulheres. Mas o mais triste, obviamente, era o fato de aquelas garotas serem tão jovens. Sempre achei horrível o fato de nunca terem vivido a juventude. As outras mulheres eram um pouco mais velhas.

Elas demonstravam os sintomas conhecidos do tifo – aquele definhamento paulatino, uma espécie de apatia com um convalescer ocasional, até ficarem tão doentes a ponto de não restar qualquer esperança. E o fim chegou para elas. Não sei qual das duas faleceu antes, Anne ou Margot. De repente, não as vi mais, então supus que tivessem morrido. Entenda, eu não prestava atenção especial a elas porque, afinal, tantas outras morriam. Quando não as vi mais, passei a acreditar que tinham morrido ali, na cama. Um belo dia, elas não estavam mais entre nós. Na verdade, em um dia horrível.

Os mortos eram levados para fora, colocados na frente dos galpões e, quando éramos liberadas, de manhã, para irmos à latrina, tínhamos de passar pelos corpos. O que era tão horrível quanto o próprio ato de ir à latrina, porque pouco a pouco todas pegavam tifo. Em frente aos galpões, havia uma espécie de carrinho de mão no qual se podia fazer as necessidades. Às vezes, tínhamos que levar essas carriolas até a latrina. E deve ter sido numa dessas idas à latrina que passei pelos corpos das irmãs Frank. Uma ou as duas, não sei. Na época, supus que os corpos das irmãs haviam sido colocados na frente das barracas. E aí as pilhas eram levadas embora. Um enorme buraco era cavado e os cadáveres, jogados ali, isso posso garantir. Esse deve ter sido o destino delas, pois era o que acontecia com as outras pessoas. Não tenho qualquer motivo para acreditar que o fim delas tenha sido diferente do das demais mulheres que morreram naqueles dias.

Depois, recebi a notícia de que uma senhora van Amerongen estava em busca de alguém cujo sobrenome também era van Amerongen. A situação era que os comerciantes de diamantes no chamado "campo livre" seriam transportados, e suas esposas e filhos já não tinham qualquer proteção. Fui até lá e encontrei minha sogra. Daquele momento em diante, passei a ir todos os dias, até que fui proibida por não estar presente em uma contagem. Eles me disseram que eu não podia mais fazer aquilo, porque estava colocando outras mulheres em risco. Então, não fui mais até descobrir que minha sogra tinha morrido. Aí fui mais uma vez, e uma das irmãs Brilleslijper, que cuidava das pessoas daquele galpão, me entregou um casaco e a aliança de casamento da minha sogra. Esses itens continuam sendo preciosos para mim, mais preciosos do que qualquer diamante.

Eu via as irmãs Brilleslijper diariamente e admirava muito a forma como elas cuidavam das pessoas doentes e das mais velhas, fechando-lhes os olhos quando morriam. Fizeram isso também com minha sogra. Eu admirava muito o trabalho delas.

Também fiquei doente. Todas nós ficamos. Também sofri com o tifo. Fiquei deitada na parte de baixo do beliche porque não conseguia chegar à parte de cima. Ouvi de longe a voz do nosso médico, o doutor Knorringa-Boekdrukker, quando lhe pediram para me dar uma aspirina: "Bem, não. Ela não vai sobreviver a esta noite."

Não sei se isso funcionou como um estímulo para mim. O fato é que me recuperei e o doutor Knorringa morreu.

Morrer era a ordem do dia em Bergen-Belsen. É provável que menos pessoas tenham morrido lá em comparação a Birkenau, mas as mortes eram mais visíveis. Em Birkenau, grupos inteiros simplesmente desapareciam – todos do campo de ciganos desapareceram. Não havia luto. As pessoas desapareciam independentemente de estarem ou não magras, de estarem ou não doentes. Em Birkenau, se seu nome estivesse na lista, você desaparecia. As coisas eram claras e eficientes. Em

Bergen-Belsen, você não se despedia, mas morria lentamente, de doença, exaustão, frio e, como a maioria, de fome. A maior parte das pessoas era apática. O tifo deixa as pessoas apáticas. Afeta o cérebro.

Mas não se aprende a conviver com a morte. Lembro-me de quando fui ver minha sogra. Caí sobre os corpos porque estava escuro. Tive que ir no começo da manhã por causa da contagem. Embora com frequência caíssemos sobre os corpos, toda vez era um choque. Nunca consegui me acostumar.

O período em Bergen-Belsen certamente foi o mais terrível. Não se sabia quase nada sobre os rumos da guerra; não se sabia quanto tempo ela duraria. E, por causa da doença, acabávamos nos convencendo de que a morte estava à espreita. Deixe-me explicar da seguinte forma: em Birkenau, você era jovem e ainda tinha boa aparência. Não podia ser magra, não podia ser um esqueleto ou ter uma espinha, nem qualquer inchaço ou furúnculos. Tinha de estar perfeita. Se estivesse perfeita, tinha uma chance. Fomos transportadas antes de chegarmos ao ponto de não termos mais chance.

Porém, em Bergen-Belsen, a morte espreitava por todos os lados. Víamos a morte, ela era muito mais perceptível do que em Birkenau, onde as pessoas que começavam a decair simplesmente desapareciam. Os que sobravam tinham uma aparência saudável. Em Bergen-Belsen, olhava-se a morte nos olhos o tempo todo. A morte dos outros, a nossa. Enfraquecíamos. Especialmente quando contraí tifo, eu pensava: "É isso. O fim chegou". Sentia isso muito claramente. É um milagre inexplicável o fato de eu ter sobrevivido.

Não há explicação médica. Especialmente depois que o doutor Knorringa pensou que eu não fosse sobreviver sequer àquela noite. Esse foi o maior dos milagres, mas ainda não sei como sobrevivi: força de vontade, força espiritual ou desejo de voltar a ver meu marido e meus filhos. Não sei. Não tenho uma explicação lógica.

Também fiquei apática, mesmo com toda a minha força de vontade. Por um lado, havia desejo de sobreviver; por outro, a apatia – "Não dá, é impossível, como você vai sair dessa? Como sair dessa situação horrível?". Nunca tive esperanças de ser libertada pelos Aliados. Algumas de nós ficamos vivas, mas não me pergunte como. Doentes, sem força, com tantos mortos à nossa volta. Ainda acho um milagre algumas das outras mulheres daquele galpão terem sobrevivido.

Então, certo dia, tivemos que nos posicionar mais uma vez para a contagem. As pessoas com anos de experiência no campo tentavam se esconder. Tinham pânico de serem mandadas para o transporte. Mas eu não sentia esse medo. Só pensava em conseguir sair daquele inferno, em ter uma chance de sair. Também não sabia me fazer passar despercebida; isso requeria certa habilidade que nós, holandeses, não tínhamos.

Três alemães apareceram sem uniforme ao local da contagem. Aquilo era impressionante, encorajador como ter um vislumbre do mundo lá fora. Parecia que aqueles três estavam em busca de escravas. Muitas mulheres foram novamente para o transporte, mas não sei para onde foram levadas.

Logo descobrimos que iríamos, mais uma vez em vagões de gado, para Raguhn, uma cidadezinha próxima a Halle, nos arredores de Leipzig. Havia uma fábrica de aviões ali, onde pessoas que não eram prisioneiras também trabalhavam e os prisioneiros preenchiam as vagas geradas pela falta de mão de obra. Segundo as informações oficiais, chegamos à cidade em 12 de fevereiro de 1945.

Fui selecionada, junto com nove polonesas, para descascar batatas. É claro que aquilo era o paraíso, muito melhor do que qualquer outro campo. Fomos instaladas em galpões muito mais limpos, havia um lugar para tomar banho, recebemos cobertores. Mas seria outro truque? Ou seria algo tão bom quanto parecia? Era tão bom quanto parecia, contanto que você pudesse descascar batatas, contanto que trabalhasse e tomasse aquela deliciosa sopa de batata; e não era proibido comer uma batatinha de vez em quando. Então estávamos em situação relativamente boa.

As três alemãs que trabalhavam ali, que cozinhavam e preparavam as batatas, não entendiam nada. Tinham recebido a informação de que chegaria um transporte com condenadas que haviam cometido crimes. E ali estávamos nós, dez mulheres trabalhadoras, obedientes, respeitáveis. Mas elas não podiam conversar conosco porque havia uma Kapo no local, uma holandesa de 's-Hertogenbosch e que fazia bem seu trabalho. Só podíamos conversar umas com as outras sobre o trabalho, mas nunca com as alemãs. Porém, em segredo, muito discretamente, falávamos com elas, que eram muito gentis conosco. E elas de fato não entendiam o que estava acontecendo. Tenha em mente que Raguhn não era Berlim ou qualquer outra grande cidade alemã, mas apenas um vilarejo onde dois judeus viviam – sim, eles ainda viviam ali, casados com não judeus. Pelo que entendi, elas não sabiam o que estava acontecendo com os judeus. Na Páscoa, ganhamos um pedaço de bolo daquelas mulheres. Tão humano, não? O gesto, em especial. Você se sentia mais parecida com um ser humano.

Todos os dias, guiadas pela Kapo holandesa de 's-Hertogenbosch, íamos do galpão à cozinha, passando pela única rua de Raguhn. Ela e nós, as dez mulheres.

As outras mulheres queriam que levássemos batatas para elas. Era perigoso. Fiz isso, fui pega e punida. Minha punição consistia em trazer água de um riacho cujas margens eram íngremes, porque eles queriam explodir a ponte se o inimigo se aproximasse, e precisavam da água para a dinamite. Quase não conseguia aguentar o trabalho, mas tinha que realizá-lo. O comandante, que era gentil, andava por ali – o vilarejo era muito pequeno – e me perguntou por que eu não estava mais trabalhando na cozinha.

Contei para ele o que acontecera. E completei: "Entenda, minhas colegas de prisão sentem mais fome do que eu. Para mim, parece lógico oferecer algumas batatas a elas."

Ele respondeu: "Tudo bem. A partir de amanhã, pode retomar seu trabalho na cozinha. Mas não volte a cometer o mesmo erro."

Aquele período também chegou ao fim e fomos novamente transportadas. Foi uma viagem horrível, porque estávamos prestes a ser libertadas e eles tentavam impedir. Chegaram ordens do campo feminino, sob a jurisdição de Ravensbrück, afirmando que tínhamos de ir embora. Ninguém sabia para onde. Foi um transporte terrível porque muitas das pessoas não conseguiam esperar até poderem sair dos vagões de gado para se aliviarem.

Ainda pior: algumas mulheres não tinham forças para subir de volta nos vagões. Elas ficaram para trás, irremediavelmente perdidas.

Não havia mais alimento. Essa situação se estendeu durante dias. Ninguém sabia para onde estávamos indo; acho que nem mesmo o maquinista sabia.

Ebbe, uma mulher muito pequena, estava nessa viagem. Falava apenas italiano e transmitia uma impressão de ser realmente ingênua. Quando o trem parou, para nossa completa surpresa, ela desapareceu e nunca mais voltou. Talvez tenha escapado.

Por fim, eles provavelmente receberam a informação de que Theresienstadt ainda não tinha sido fechado. Então fomos levadas para lá e libertadas posteriormente.

Vivi um momento adorável em Theresienstadt, andando com apenas uma amiga, livre, capaz de pensar calmamente. Depois de alguns dias, um caminhão que transportava carvão chegou trazendo alguns americanos. Três mulheres, dentre as quais eu, partiram com eles. Primeiro, fomos a Bamberg. Havia outro campo lá, e então seguimos em uma barcaça pelo Reno de volta à Holanda, de volta à liberdade.

Depois descobri que dezesseis mulheres do nosso grupo, algumas das quais já estavam exaustas quando chegaram a Raguhn, morreram lá. Doze delas estão enterradas no cemitério da cidade. Quatro outras tiveram seus corpos transferidos para sua terra natal, inclusive

Betty Labzowski, de Zierikzee. Ela morreu aos 25 anos e foi transferida para a Holanda.

Talvez eu tenha conseguido sobreviver porque tinha um pouco mais de conhecimento da vida e também uma vontade um pouco mais forte de viver. Estou supondo isso, porque até hoje ainda tenho essa vontade. A cada dia, ainda aproveito o fato de estar aqui. Pode soar estranho, mas é assim. Tento celebrar todos os dias de minha vida. Nem sempre consigo, mas tento. Acho que esse foi um fator decisivo, essa força espiritual. Minha filha sempre diz: "Minha mãe é uma rocha".

Em Israel, onde vivemos, Anne Frank é uma lenda e, ao mesmo tempo, continua viva. As pessoas se interessam muito por sua história. Acredito que exista uma rua chamada Anne Frank em praticamente todas as cidades. Seu diário foi traduzido para o hebraico moderno.

As pessoas a acham muito especial. Certa vez, quando minha filha estava na Holanda com suas filhas gêmeas, uma das primeiras coisas que quiseram que eu lhes mostrasse foi a Casa de Anne Frank. Não me senti disposta; na verdade, eu não queria ir de jeito nenhum. Por mais de quarenta anos, deixei isso de lado, porque queria levar uma vida normal, sem voltar a falar sobre o assunto.

Porém, fui à Casa de Anne Frank e tive uma sensação muito especial ali. Afinal, eu a tinha visto somente depois que ela chegara a Westerbork. As pessoas tiravam fotos de todos os cantos, de tudo. Especialmente os japoneses, que as pessoas poderiam pensar que não se emocionariam tanto quanto os europeus. Minha filha entrou em pânico porque sabia que eu conhecia Anne. Ela olhou em volta e disse: "Mamãe, a senhora não deveria contar a essas pessoas que a conhecia? Não deveria fazer alguma coisa? Conte para eles, conte!"

Não consegui. Simplesmente não consegui. Eu não saberia como. Porque tudo aquilo me parecia tão bizarro, toda a Casa de Anne Frank. Todas aquelas pessoas, todas aquelas câmeras. Vi Anne outra vez ali e achei que aquilo não significaria nada para ela. Na Casa de Anne

Frank, você pode ver o que escrevi no livro de registro: “Anne Frank não queria isso.”

✡

Rachel van Amerongen-Frankfoorder acrescentou a seguinte dedicatória:

À *memória de Charles Desiré Lu-A-Si, que lutou desde o primeiro instante e foi morto pelos nazistas em 1942.*

BLOEME EVERS-EMDEN

Bloeme Evers é uma mulher de baixa estatura, valente e especial. Ocupa posição proeminente na organização Deborah de mulheres judias e é ativa na vida religiosa judaica de Amsterdã. É inseparável de seu marido, Hans, que também é muito ativo na vida religiosa da cidade. Cada encontro com Bloeme é uma experiência especial.

Em uma de nossas primeiras conversas, ela afirmou se lembrar de poucos detalhes do período em que esteve nos campos de concentração. Mesmo assim, foi capaz de articular de forma única seus sentimentos e analisar as profundezas das mortificações que suportou como uma jovem de dezoito anos. Quando fez seu exame escolar final, em 1943, era a única aluna que havia restado na sala; seus colegas estavam todos presos ou então tinham procurado esconderijo. Bloeme acreditava que aquele diploma dificilmente lhe seria útil.

Muitos anos depois da guerra, ela concluiu os estudos na universidade, graduando-se em Psicologia, mesmo com a responsabilidade de cuidar de uma família grande. Recentemente concluiu sua tese e agora é doutora em Psicologia.

Bloeme conheceu Anne e Margot Frank no Liceu Judaico, a escola preparatória criada em 1941 para as crianças judias. Em Auschwitz-Birkenau, criou uma forte amizade com Lenie de Jong-van Naarden e algumas outras mulheres, o que as ajudou a sobreviver durante um período insuportável. Desse grupo, cinco morreram. As memórias são uma bênção para as que sobreviveram.

Os nomes das oito mulheres que passaram nove meses unidas nos campos de concentração, compartilhando o amor e as dores, são: Nettie, Lydia, Lenie, Annie, Rosy, Rootje, Anita e Bloeme. Tinham laços muito fortes que continuam existindo até hoje.

BLOEME EVERS-EMDEN

Dizer agora que "nasci sob o sol, com um suspiro do mar furioso"... Não, isso não é verdade. Venho de uma família que era parte da classe trabalhadora de Amsterdã. Nasci em 1926. Meu pai era lapidador de diamantes; minha mãe, costureira. Apesar de pobre, tive uma juventude positiva, na qual as conversas e a consciência políticas eram uma preocupação central. Meu pai estava convencido de que o mundo poderia ser um lugar melhor; quando a pobreza fosse abolida, todas as pessoas seriam boas. A mesma ideia era repetida e enfatizada por muitos que vinham nos visitar. Eles debatiam entre si, particularmente sobre o que vinha acontecendo desde 1933 com os judeus na Alemanha. Somado à proteção calorosa da família, esse pano de fundo moldou minha juventude.

Éramos parte de uma grande família e de um grande círculo de conhecidos. Embora meus pais tivessem renunciado à religião, o ambiente no qual cresci era verdadeiramente judeu.

Quando a guerra foi deflagrada, em 1940, entendemos que a caça aos judeus não se limitaria aos judeus alemães. Meu pai expunha suas ideias políticas. Em 1942, disse: "Vamos cair, mas os alemães também vão."

Mesmo assim, ele não fez qualquer esforço para fugir. Não se atreveu a procurar um esconderijo. Minha mãe queria, mas acabamos não indo para a clandestinidade. Meu pai fez um esforço heroico para evitar minha deportação. Isso foi no final de 1942. Depois, acabei intimada e, em seu desespero, ele foi até a Euterpestraat, onde ficava a *Zentralstelle für Jüdische Auswanderung* (Autoridade Central da Emigração Judaica). Foi pessoalmente ao *Aus der Fünten* (o diretor da SS do gabinete de Emigração Judaica) sem saber que estaria diante de um oficial de posição tão alta. Conseguiu anular minha convocação e conquistou uma isenção temporária de deportação para mim. Nada menos do que um milagre! Isso funcionou até 1943 e depois acabou.

Em 1941, medidas contra estudantes judeus começaram a ser tomadas. Primeiro, os professores judeus foram demitidos. Em 1941, as crianças judias tiveram que deixar de frequentar as escolas públicas e passaram a estudar em um colégio criado para elas, o Liceu Judaico. Fomos transferidos para uma escola na Mauritskade. Posteriormente, acabamos indo para a Stadstimmertuinen, na frente de um ginásio para judeus.

Nessa época, conheci Margot e Anne. Margot estava em outra classe, no mesmo ano que eu. Tive contato com ela, mas não éramos amigas. E eu conhecia Anne, mas, no colegial, não se tinha muita relação com crianças mais novas, de séries anteriores.

Elas me transmitiam a impressão de serem muito bem educadas, com boas maneiras – um valor para a escola. Não que eu percebesse isso na época mas, olhando para trás, enxergo dessa maneira agora.

Como resultado da intervenção de meu pai, permaneci em segurança até 1943. As turmas encolhiam. Quando se ia à escola às segundas-feiras, sempre se percebia a ausência de alguns alunos. E esperava-se que estivessem doentes. Mas, na maioria das vezes, acabávamos descobrindo que haviam sido capturados, ou então ido para algum esconderijo. Ninguém fazia aquelas brincadeiras que todas as crianças fazem; havia um clima de trabalho pesado no ar. Certamente por conta da pressão do que estava acontecendo no mundo, mas também porque, por um breve período, ainda tínhamos o privilégio do acesso à educação.

Em 1943, eu estava no quinto ano – que é quando você precisava fazer os exames finais. Ao final de abril ou início de maio, as provas escritas começavam. Restávamos apenas três de nós, sendo dois garotos – Meijer de Hond e Siegfried Natkiel – e eu. No período livre que tivemos antes dos exames orais, eles também desapareceram. Nunca soube de mais nada de Meijer. Siegfried foi para um esconderijo, acabou preso, escapou de Westerbork e sei que ainda está vivo.

Assim, fiz os exames orais como última aluna ainda restante. Todos os membros do comitê de exames estavam lá – bastante estranho para uma garota tão jovem, que não tinha nem dezessete anos. As provas orais aconteceram na segunda e na terça-feira, quatro exames de manhã e dois à tarde. Fazíamos testes finais de doze disciplinas.

Depois da sessão matutina na segunda-feira, meu amigo foi me buscar e anunciou: "Eles estiveram na sua casa hoje de manhã; você vai ser pega esta noite." E então veio um ataque aéreo de aviso e tivemos que procurar abrigo. Eu ia à escola com esse amigo. Provavelmente por essa coincidência, pensei na possibilidade de realizar todos os exames naquele dia. Procurei o diretor, expliquei a situação e ele conseguiu reunir os membros do comitê e os professores que tinham de aplicar os exames finais. Concluí todas aquelas provas. A reunião dos professores foi muito breve e logo me chamaram para pegar o diploma. Uma cena terrível. Fui para casa e pensei que aquele diploma dificilmente me serviria para alguma coisa. Eu entendia muito bem o que estava acontecendo.

De fato, fui presa naquela noite e transportada para o *Hollandse Schouwburg* (Teatro Holandês), onde tinha estado tantas vezes. Minha mãe havia enfatizado algumas coisas que levei a sério: "Tente não ser registrada e procure encontrar uma família que seja como se fossem seus pais". Fiz as duas coisas. Levei uma mochila e outra bolsa comigo e, ao deixar a bolsa de lado, pegar a mochila, deixá-la em outro canto e depois levar a bolsa e a deixar de lado outra vez, consegui passar pelas mesas de registro sem ser registrada. E de fato me liguei a uma família bastante jovem e disposta a me aceitar temporariamente como filha.

Uma prima tinha um amigo que trabalhava no teatro. Eu conhecia esse amigo. Contei-lhe que tinha conseguido evitar o registro e que queria sair dali. Ele disse que tentaria me ajudar. Todos os dias, eu perguntava se o plano havia dado certo; no quarto ou quinto dia, tudo estava preparado. Eu podia contar com um esconderijo junto a alguns amigos dos meus pais.

Quando entrei no teatro, de alguma forma rasguei a parte de trás do meu sapato. Naquela manhã, foi anunciado que quem tivesse algum calçado com problemas deveria entregá-lo para que fosse repassado ao sapateiro. E voltaria naquele mesmo dia. Então, levei o sapato, andando com uma meia em um pé e um calçado no outro. No mesmo dia, o amigo da minha prima me disse: "Ouça, quando as crianças se reunirem no corredor, esta noite, para irem à creche, vá com elas." A creche ficava do outro lado da rua, na frente do Hollandse Schouwburg.

"Eu só tenho um pé de sapato", lembrei-o.

"Sim. É esperar para ver, pode ser que seu sapato seja devolvido a tempo", ele falou.

Mas não foi. Contei o plano aos meus "pais adotivos" e lhes pedi para que levassem o sapato do outro lado da rua. O sinal tocou, avisando as crianças para se despedirem de seus pais porque era hora de retornar à creche. Aquele adeus era indescritível, pois ninguém sabia se voltaria a ver seus filhos. Mas eu não podia me entregar ao sentimento; então, quando o sinal tocou e fui ao corredor, não vi nenhuma criança com que eu pudesse atravessar a rua. Porém, voltar também seria muito arriscado, já que havia um homem da SS guardando a entrada. Fiquei ali, extremamente nervosa e indecisa. Foi quando o homem da SS deu meia-volta e rosnou: "*Was machen Sie dort?*" (O que você está fazendo aí?). Fiquei petrificada, sem conseguir dar uma resposta. Percebi como ele me encarava e olhava para o meu pé descalço. Mas ele logo deu de ombros e virou-se novamente.

Logo depois, as crianças finalmente chegaram. Segurei as mãos de algumas e atravessei a rua. No decorrer da noite, meu sapato foi entregue.

Na manhã seguinte, fui mandada muito cedo para a rua. Cobri minha estrela (a Estrela de Davi que os nazistas exigiam que os judeus usassem) e segui até Nieuw-Oeste, no limite da cidade. Foi uma caminhada de três horas, acredito. Mas não havia ninguém em casa no endereço onde eu deveria me esconder – ninguém em casa o dia todo, pois estavam trabalhando. Eu tinha uma tia e um tio que moravam naquele bairro e que poderiam contar aos meus pais. Então, meus pais foram até lá. Foi a última vez que os vi.

Naquela noite, voltei para a casa onde ficava meu esconderijo, a casa de Truus e Floor de Groen. Depois de todos esses anos, ainda tenho uma boa relação com Truus. A casa era um centro de atividades clandestinas e eles realmente não queriam ter uma *onderduiker* ali porque isso lhes trazia um perigo enorme. Diziam: "Se houver uma revista, você vai estar aqui. Não podemos ter *onderduikers*". Ainda assim, seis semanas se passaram antes que encontrassem outro endereço para mim.

Era o início de um verdadeiro calvário. Lembro claramente que não permitia que os sentimentos penetrassem minha consciência. Fui perseguida, de verdade – uma semana aqui, uma tarde ali... quinze endereços em três meses. Por fim, fui parar em uma casa de repouso onde fui aceita como enfermeira assistente. A diretora sabia o que estava acontecendo. Trabalhei ali por nove meses. Aí veio uma revista – havia suspeita de pacientes judeus na casa. Eles foram levados; aparentemente, os nazistas não estavam atrás de mim, mas, por motivos de segurança, tive que sair na manhã seguinte. Primeiro, precisei ir a um escritório e pegar meus documentos falsos. Uma mulher me entregou os papéis e jamais esquecerei as lágrimas em seus olhos, fazendo-os brilhar.

Depois de um longo período vagando, fui contratada como criada em Roterdã. Conforme as instruções da organização dos *onderduiks*, da qual eu fazia parte, não contei que era judia. Não sei o que havia por trás desse raciocínio do pessoal da organização, mas segui o conselho. Passei alguns meses agradáveis com uma mulher muito gentil e seu filho. Acho que eu era uma empregada que trabalhava duro. No começo, não era tão habilidosa, mas já tinha aprendido muito na casa de repouso.

Depois de algum tempo, o pessoal da casa resolveu sair de férias, então comecei a pensar em um lugar onde eu poderia ficar. A organização dos *onderduiks* sugeriu: "Venha passar esses quatorze dias aqui". E, durante essas duas semanas, os nazistas desmantelaram a organização. Gostaria de mencionar o nome das pessoas que trabalhavam ali: Aad Zeegers e sua irmã, Mary ten Have-Zeegers. Posteriormente, Aad acabou sendo fuzilado. Era um grande homem.

Olhando para trás, percebo que o período no esconderijo foi apenas um prelúdio de algo muito pior mas, enquanto não sabíamos disso, ficar nele era uma experiência muito traumática. As pessoas nunca deram a atenção devida a esse período, mas ele significava uma perda de identidade, do seu trabalho, da sua autopercepção, da sua família, das redes sociais, dos livros, das posses. Tudo ficava para trás. Em quase todos os casos, você tinha de se subordinar a pessoas – algumas boas, outras não tão boas assim. De um dia para o outro, perdia um trabalho significativo e, além disso, havia o fato de tudo ser melhor do que o destino que os alemães guardavam na manga para você. De modo geral, era um grande trauma que podia durar anos. Você pode se adaptar a esse fato, mas ele realmente não foi suficientemente considerado.

Fiquei na clandestinidade durante quinze meses, entre maio de 1943 e agosto de 1944. Depois de duas semanas na Haagse Veer, a prisão de Roterdã, um transporte para Westerbork me esperava.

Ali, eu deixava para trás uma situação ruim para entrar em outra muito pior.

Em Westerbork, a primeira família que encontrei foi a família Frank, que eu conhecia do colégio. Trocamos histórias de algumas de nossas experiências no esconderijo. Depois, passamos a nos ver com regularidade. Acho que, embora eu já não me lembre com exatidão, vi Margot diante das mesas nas quais trabalhávamos com as baterias. Todas usávamos os mesmos aventais, especialmente quando trabalhávamos com as baterias... Era um trabalho imundo.

Uma das colegas de campo da qual me lembro bem, já do período final em Westerbork, é Nettie. No campo, ela se tornou uma espécie de mãe para mim; era vinte anos mais velha. Nettie e o marido eram como pais para mim, papéis que se adequavam às suas personalidades. Por exemplo, ela distribuía a comida. Quando me viu pela primeira vez, provavelmente causei a impressão de ser um tanto desamparada, afinal, ela foi muito cordial e disse: "Venha aqui, jovenzinha."

Quanto a Lenie, eu a conheci nua diante da torneira. Estávamos uma de frente para a outra no que era chamado de *Waschraum* (lavabo), composto por canos de zinco mal parafusados. Aqui e ali, a água saía pelas torneiras. Eu já tinha conhecido Rosy e Rootje na Haagse Veer, mas nosso grupo de amigas só se formou paulatinamente em Auschwitz.

Não sei muito mais o que contar sobre Westerbork. Lembro que era possível sobreviver se você se adaptasse às circunstâncias. O dia de trabalho era de oito, nove ou dez horas. Usávamos uniformes porque éramos criminosas que haviam ficado em um esconderijo. Posteriormente, o fato de você ter ou não ter sido uma criminosa passaria a não fazer a menor diferença. Também tínhamos algum tempo livre – havia um cabaré e dávamos risada. Mas os transportes eram terríveis e aconteciam com frequência. Via de regra, às terças-feiras. Às segundas, eles chamavam os nomes das pessoas que teriam de partir.

Eu tinha, sim, ouvido sobre os campos de extermínio. Mas era impossível entender; você se desligava dessas informações. Não, simplesmente tinha que esperar. Os nazistas a tinham em suas mãos. Você não podia definir seu destino ou seu futuro. E o pior poderia acontecer... não queríamos saber.

Só consigo me lembrar de algumas coisas dessas incontáveis horas no trem entre Westerbork e Auschwitz. Recordo que ficávamos apertados uns contra os outros, sem qualquer espaço. E eu dormi. Não me lembro de mais nada.

Lembro-me muito bem da chegada. As portas dos vagões finalmente se abriram e, à nossa frente, havia homens com seus uniformes azuis e com faixas brancas. Eles nos chutavam e gritavam para que saíssemos dos vagões. Também me lembro de ter visto uma mulher conversando com um daqueles guardas. Concluí que eram conhecidos e depois entendi que também eram prisioneiros.

Fomos levadas, com nossa bagagem, a uma grande área iluminada por luzes extraordinariamente fortes – tão fortes que tive a sensação de serem luas. Pensei: "Estamos em outro planeta". Essa ideia louca combinava com minha experiência. Acho que a viagem tinha, de alguma forma, afetado nossa consciência, abrindo espaço para pensamentos que estavam além da realidade comum. Pensei: "Chegamos a algum outro planeta depois daquela viagem e aqui existem três luas".

O lugar era cheio de lama. Algumas pessoas carimbavam o chão com seus pertences.

Depois fomos levadas a algumas salas, onde tivemos que nos despir. Foi um choque enorme para mim. Eu tinha dezoito anos, era tímida e havia recebido uma criação casta, seguindo a moral prevalecente. Desnecessário dizer que me senti constrangida e envergonhada. Lembro-me de um estouro audível em minha cabeça, de estar totalmente nua diante de olhos masculinos. E então, como um estouro, veio o pensamento de que, dali em diante, outras normas e valores se aplicavam, de que eu teria de me ajustar àquilo, de que toda uma vida nova estava nascendo. Ou a morte esperando.

As coisas mais horríveis aconteciam a nós e às outras pessoas. Mais tarde, lendo o trabalho de Bruno Bettelheim, descobri sobre as estranhas experiências, mecanismos protetores, chamados de "desrealização" e "despersonalização". Desrealização é quando a realidade não é experimentada como realidade: isso não pode ser verdade; não existe. E despersonalização é o fenômeno da divisão da personalidade: eu ficava de lado e, simultaneamente, me via como se eu continuasse andando; objeto e sujeito ao mesmo tempo. Você é o objeto de sua observação e, ao mesmo tempo, é o sujeito que anda, ou que está com fome, ou que está sofrendo.

Também recordo muito bem que eu assimilava imagens extremamente fortes e, ao mesmo tempo, desligava meus sentimentos. Via coisas com meus olhos, mas apenas as via. Ou então eu não teria sobrevivido; seria impossível passar por aquilo.

De Auschwitz, também me lembro de uma contemplação vazia, terrível, que me invadiu quando descobri que aparentemente existiam pessoas que eram instruídas a destruir outras pessoas, matar, irritar, a atormentá-las até a morte. Isso era algo que definitivamente não se encaixava na imagem que eu tinha da humanidade e do mundo, e fiquei impressionada. Tinha ouvido e lido histórias. Eu me lembrava dos eventos de 1941 e do bairro judeu de Amsterdã, mas ainda se podia pensar que aquilo era um excesso ou uma coincidência, uma briga que saiu de controle ou qualquer coisa que o valha. Todavia, aquilo se provou um sistema e não algo que acontecesse por acaso.

Fiquei muito deprimida ao saber que algo assim existia. Eu não queria aceitar. Havia sido criada com base em um respeito a todas as pessoas, respeito que elas recebiam com base em conquistas ou condutas pessoais e não com base em sua raça ou em suas heranças. Vi que a filosofia por trás daquele sistema era levada a cabo sob uma fachada de não igualdade – uma inferioridade e uma superioridade – e que os inferiores tinham de ser massacrados, independentemente de quanto isso custasse. Perceber e ser invadida por essa realidade me deixou em estilhaços.

Ademais, havia, obviamente, uma grande diferença entre ter ouvido ou lido sobre alguma coisa e sentir tal realidade na pele, sentir-se tão impotente quanto um fio de cabelo ao vento. Demorei muito para começar a perceber essa realidade. Quero dizer, no sentido de conseguir me adaptar às condições e ser capaz de oferecer e receber apoio e, assim, ter alguma influência.

Em seu tratamento com as pessoas, a SS tinha como objetivo, além da aniquilação física, a degradação do indivíduo, o sequestro de tudo o que lhe pertencia e lhe tornava um indivíduo – realmente estilhaçá-lo, destruir seu respeito próprio, transformá-lo em um trapo. Por conta do isolamento, não se tinha certeza de nada. Não se sabia como estavam as coisas na guerra, como ela progredia, não se sabia nada sobre o mundo exterior, nem sobre o mundo "interior". Não sabíamos o que faríamos no dia seguinte, o que eles estavam tramando, se as portas da câmara de gás lhe seriam abertas no próximo dia. Tudo era um livro fechado. E algo assim era um verdadeiro tormento.

Quando alguém está doente, mas não tem um diagnóstico da doença, a situação fica muito assustadora. Por outro lado, quando um diagnóstico é feito, mesmo que ele seja ruim, você de certa forma se sente aliviada porque sabe o que está enfrentando. Nós nunca sabíamos o que estávamos enfrentando.

O objetivo dos alemães era a desorganização, a desintegração da nossa personalidade. Isso não funcionou conosco, especialmente por causa do apoio que as mulheres do nosso grupo ofereciam umas às outras e por conta do que trazíamos conosco em termos de força interior. Em retrospecto, acho que ainda é bastante maravilhoso perceber que foi isso que fez toda a diferença.

Depois de chegarmos a Auschwitz, fomos colocadas em camas para dez pessoas. Lembro-me muito bem de como funcionava mas, em certo momento, depois de várias mudanças – Anita só chegou mais tarde –, nosso grupo estava deitado todo em uma única cama. Ficávamos juntas e nos consolávamos juntas com as histórias que contávamos umas às outras durante as horas livres.

Falávamos muito sobre comida. Porém, contávamos nossas histórias de vida, falávamos sobre nossa educação, sobre nossos sentimentos, sobre como havia sido o período na clandestinidade.

Nossos laços mútuos de "irmãs" e "mães" foi fortalecido pelo respeito e pela cortesia que demonstrávamos umas pelas outras. Uma coisa que fazíamos juntas era acompanhar o calendário. Isso também era importante. Todos os dias, dizíamos, por exemplo: "Hoje é 21 de dezembro de 1944, quarta-feira". E falávamos em voz alta para não haver confusão.

Sempre que possível, as mais jovens faziam coisas que eram mais difíceis para as mais velhas – em especial para Lydia e Nettie, que eram vinte anos mais velhas do que eu e cujas forças desapareceram antes das minhas. Eu pegava água para elas se lavarem e também fazia outras coisas para essas amigas.

Isso fortalecia o grupo e tenho a impressão de que, quanto pior "lá fora", melhor era "ali dentro". A ideologia alemã não conseguiu nos controlar, nem por um segundo sequer. Embora eles tentassem nos fazer acreditar que não tínhamos valor, que não passávamos de *blöde Kühe* (vacas idiotas), nunca nos sentimos *Untermenschen* (sub-humanas).

Contudo, eles tinham certo controle sobre nossos corpos. Podiam nos mandar para todos os lugares. Podiam fazer conosco o que quisessem. E faziam. O trabalho sem sentido que às vezes precisávamos realizar – por exemplo, transportar uma pilha de pedras para a esquerda só para depois ter de transpô-la novamente para a direita – era um ataque à nossa dignidade. Também me lembro de ter sentido choque, medo e desespero, mas nosso grupo estava lá – literal e figurativamente mantínhamos uma à outra em pé.

Era muito reconfortante saber que podíamos ser nós mesmas dentro daquele grupo – independentemente do que acontecesse. Nós ajudávamos umas às outras o máximo que conseguíamos. Não usávamos linguagem grosseira, mantínhamos um nível muito alto de moral entre nós e nos consolávamos.

Ainda me lembro de como fiquei impressionada ao ouvir minhas próprias palavras quando foi, por assim dizer, minha vez de transmitir uma mensagem positiva. "Ah, você vai ver, vai ser libertada. Você vai ver, vai ser libertada." Outro dia, quando eu estava prestes a me entregar ao desespero, outra mulher dizia algo animador.

No final de outubro, deixamos Auschwitz e fomos parar em um *Arbeitslager* (campo de trabalho) em uma cidadezinha chamada Libau, na Alta Silésia.

Embora não me aconteça com frequência, tive um sonho profético em Libau. Em novembro, anunciei: "Seremos libertadas no primeiro dia ensolarado de maio." Naturalmente, todas estávamos ansiosas por ouvir algo assim – inclusive eu mesma.

No dia seguinte, eu estava novamente deprimida. Uma das mulheres do grupo me disse: "Bloeme, ouvi com muita atenção o que você disse ontem. E é verdade. Você vai ver, vai sobreviver. Temos que ser muito fortes e ajudar umas às outras. E aí viveremos para ver a libertação."

Nosso grupo, que no fim era composto por oito mulheres, também encontrou apoio no grupo de Ronnie van Cleef. Ronnie é poeta. Durante esse período em que esteve no campo, escreveu música usando melodias de ópera e operetas e ensaiava com várias mulheres. Nas tardes de domingo, durante as horas livres, elas cantavam e nós cantávamos junto. A música era uma fonte inimaginável de força – que força espiritual! Sempre fui muito grata por essas experiências.

Também me lembro das longas noites de trabalho em Libau – tínhamos apenas uma pausa de quinze minutos. Ainda consigo ver, à minha frente, aquele galpão de fábrica mal-iluminado onde nos reuníamos para tomar sopa. Certo dia, uma mulher húngara baixinha e de pele escura se levantou e cantou uma canção muito conhecida com sua voz cristalina. Aquilo foi de uma beleza de outro mundo. Um fragmento de uma estética da qual já tínhamos esquecido completamente.

Lembro-me de uma ocasião, durante uma contagem, quando me senti sem esperança. Lenie estava atrás de mim. Quando o oficial da SS desviou o olhar por um instante, ela me cutucou e disse: "Está vendo aquelas montanhas ali? Aquelas montanhas cobertas de neve? Quando estivermos livres, vamos subir nelas." A força de palavras como essas nos mantinha em pé. Essas coisinhas tinham um significado imenso.

Minha "mãe" no campo, Lydia, era judia ortodoxa. Todos os dias, fazia suas orações. Eu não tinha sido criada em um contexto muito religioso mas, quando a ouvia murmurando, sabia que não podia perturbá-la. Lydia foi a primeira pessoa a me explicar o judaísmo.

Conforme eu disse, nós vencemos, apesar das circunstâncias horríveis, no sentido de manter um alto padrão moral. De certa forma, isso possibilitou que não nos desintegrássemos por completo. Isso e o fato de a experiência não ter durado mais do que três quartos de ano.

Li muito sobre pessoas que se desintegraram, pessoas cujas personalidades mudaram por causa das experiências no campo. Porém, isso não aconteceu conosco. Entrei e saí do campo com a mesma personalidade. Vícios e virtudes talvez tenham se intensificado, mas quem tinha orgulho de si ao entrar no campo, saiu com orgulho, por assim dizer. Quem tinha um coração caloroso, teve oportunidade de desenvolver ainda mais essa característica.

Em nosso grupo, as tentativas dos nazistas de nos reduzir a um número falharam completamente. Se me tornei apenas um número porque tinha um número tatuado em meu braço? Nem por um minuto. Nossas identidades não foram afetadas. Continuei sendo Bloeme Emden.

E tenho algo mais a contar: enquanto estávamos no esconderijo, usávamos nomes falsos. Tínhamos que imprimir nossos codinomes dentro de nós para que, independentemente do que acontecesse, não disséssemos nosso verdadeiro nome. Mas o codinome não passava de um rótulo artificial. Por mais terrível que fosse ser presa e deportada, havia um lado bom: ser capaz de usar o próprio nome outra vez. O nome está entrelaçado com nossa identidade, com nosso ser, com nossa existência. Podemos saboreá-lo nos lábios. Dizer o próprio nome em voz alta outra vez... "Eu sou Bloeme Emden." A sensação é maravilhosa. E não se tem isso com um número. Acha que éramos chamadas por nosso número naquele grupo? Qual era o meu número...? A.25106. "Ei, A.25106, aqueça minhas mãos, por favor. Estou com muito frio."

A SS impôs diferentes tipos de comportamento sobre nós, diferentes normas e valores, os quais você tinha de parecer aceitar o máximo possível para talvez sobreviver, mas esses comportamentos não penetravam o centro da sua personalidade. Você não os internalizava. Você se convencia – e não era necessário que ninguém lhe dissesse – de que os valores deles não tinham valor nenhum e que aquelas normas não eram normas. O que você tinha absorvido durante sua criação era inviolável. Era você quem definia seus valores, suas condutas, o que considerava bom ou mau – o que levava consigo de sua formação, de seu ambiente, de seu histórico.

Aqueles homens da SS... Eles pareciam robôs muito mal programados. Você tinha que fazer o que eles mandavam, apenas isso não significava que aceitava os valores deles. Li que isso acontecia quando as pessoas tinham passado um período muito longo no campo. Mas, para nós, algo assim estava fora de cogitação. Quando abusavam verbalmente de nós, lembro que me sentia indiferente, que as palavras entravam por um ouvido e saíam pelo outro. Não me afetavam, só passavam por mim, não tocavam meu respeito por mim mesma, meus sentimentos com relação a mim mesma ou a meus amigos ou a outras pessoas com as quais eu convivia no campo.

Tampouco desenvolvemos uma mentalidade escrava. Posso dar um exemplo disso. Quando ainda estávamos trabalhando na fábrica e os russos avançavam, o suprimento de material para as correntes de pneus que produzíamos se tornava cada vez mais irregular. Certo dia, uma carga chegou. A mulher sentada à minha frente na mesa de montagem disse: "*Gott sei Dank! Material!*" (Graças a Deus, material!).

Para mim, ela tinha uma mentalidade de escrava, pois alimentava os pensamentos de seus "donos". Embora eu estivesse com apenas dezoito anos naquela época, já tinha uma opinião formada, uma opinião que não mudou: quem tem a mentalidade do escravo se identifica com o opressor.

Porém, não é verdade que você não é influenciada por uma experiência como essa. Acho que deve ser feita uma distinção entre o que a SS fez e quais foram os efeitos disso. Já mencionei meu choque de tristeza ao descobrir que pessoas eram treinadas para atormentar outros indivíduos. Li que alguns, às vezes, se identificavam com a SS. Isso não aconteceu em nosso grupo, provavelmente pelo fato de que, unidas, ficamos no pano de fundo e não nos destacamos em meio à massa anônima e cinzenta. Portanto, podíamos mais facilmente permanecer sendo nós mesmas. Por um breve período, Lydia foi *Stubenälteste* (líder sênior do galpão), mas isso simplesmente não a afetou. Foi a única de nós a ser empurrada para a linha de frente durante um determinado período.

Naturalmente, seria impossível ficar apática diante do que estava acontecendo; mas, juntas, pudemos criar uma estrutura interna – com o grupo –, de modo que toda a situação nos afetava o mínimo possível.

Todavia, os eventos que aconteciam conosco eram tão brutais, que muitas pessoas pensavam se tratar de uma catástrofe natural, pela qual a SS não poderia ser considerada responsável. Alguns pensavam que aquele sistema não era fruto do trabalho de um homem. Porém, eu via a distinção claramente. E dizia: "Mas as pessoas da SS estão fazendo tudo isso".

Depois da guerra, nutri um desprezo profundo e insondável por tudo o que era alemão. Não sei quanto daquilo se misturava ao medo. Meu desprezo era tão profundo que, depois que a guerra chegou ao fim, não aceitei nada que viesse das casas alemãs. Muitas das minhas colegas do campo foram para as vilas e aceitaram o que era necessário. Não condeno essa postura, mas eu mesma não conseguia fazer isso. Nem mesmo fui às vilas. Aquilo me dava nojo. Para mim, tudo estava completamente contaminado.

Muitos anos depois da guerra, recebemos uma espécie de pagamento – para ser sincera, não lembro mais de quanto era –, uma indenização para comprar móveis ou algo assim. O valor foi pago em cheque. Peguei o cheque no correio e o segurei pelo canto. O correio ficava próximo ao banco e levei o cheque até lá. E então, segurando-o pelo canto, depositei-o e perguntei qual instituição judaica poderia ficar com o dinheiro. Não quero nenhum dinheiro que me lembre do que aconteceu. Tenho uma aversão intensa, um horror insondável de tudo aquilo. Não quero nada que venha daquela situação. Jamais viajarei à Alemanha ou à Áustria – nunca, mesmo. Esses são meus traumas especiais.

Felizmente, aprendi a lidar razoavelmente bem com esses traumas que surgiram da guerra. E, se eu olhar para trás agora, acho que existiu uma enorme autodefesa interna contra tudo que nos aconteceu, e foi isso que salvou nossas vidas. Contudo, quando a defesa não se mostrou mais necessária, às vezes muitos anos depois da guerra, ainda continuávamos traumatizadas, e isso pode ser transmitido, de certa forma, a nossos filhos – com certeza, aos filhos que são mais receptivos.

Ainda me desligo de tudo relacionado à guerra, de tudo que pode ser lido ou visto. Se não fizer isso, vou adoecer mais uma vez, durante uma semana, por conta da dor e da angústia. Assimilar a dor pela perda da família e pela destruição das relações sociais – precisei de décadas para conseguir.

Em momentos crucialmente importantes, isso pesa muito, torna-nos bem mais vulneráveis. Acho que, quanto mais velhas ficamos, mais aparece. Sem essa parte da história da nossa vida, certamente seríamos muito mais fortes. Mas, em muitos aspectos, tenho uma natureza otimista. Acima de tudo, gosto de ver, sempre que possível, o lado positivo de tudo.

Lembro-me especialmente da última vez em que vi a família Frank. Outra seleção havia acontecido. Conversei com a senhora Frank, que estava com Margot. Anne estava em outro lugar. Ela tinha *Krätze* (sarna). Tinha algum tipo de erupção cutânea. Os alemães, não impedidos pelo conhecimento médico – pelo menos aqueles que tinham o poder de mandar em nossas vidas – sentiam-se terrivelmente amedrontados porque a doença podia ser contagiosa, então Anne precisou ficar isolada. Como resultado, não pôde ir com nosso grupo. A senhora Frank, ecoada por Margot, disse: "É claro que vamos com ela". Lembro que assenti, que compreendi.

Foi a última vez em que as vi.

Antes disso, naturalmente víamos umas às outras com regularidade e eu conversava com elas. Estavam sempre juntas, mãe e filhas. Qualquer discórdia que se possa inferir com base no diário havia sido afastada pela necessidade existencial. Elas estavam sempre juntas. Era certo que uma oferecia muito apoio à outra. Qualquer reclamação que uma adolescente pudesse ter feito sobre sua mãe, naquele momento não tinha mais qualquer importância.

O que quero dizer é que há pessoas que falam sobre a guerra, pessoas cujas bicicletas foram levadas, elas falam sobre como aquilo foi horrível, e param por aí. Para elas, isso foi o pior que aconteceu. E você pode tentar explicar: "Sim, mas algumas pessoas tiveram que procurar esconderijos. E houve coisa pior, algumas pessoas foram levadas aos campos". Mas elas vão rebater: "Ah, sim, isso também é ruim, mas eu tive que entregar minha bicicleta".

Acho que foi assim com Anne. Quando estava no esconderijo, o que, de modo geral, não era uma situação nada saudável, ela acabou se rebelando contra a mãe. Porém, no campo, tudo isso caiu por terra. Uma oferecia apoio à outra, então uma mantinha a outra viva – mas ninguém podia lutar contra o tifo.

Elas estavam em outros grupos perto de nós. Aliás, havia pouquíssimas pessoas sozinhas. Lembro-me de duas mulheres que estavam sozinhas em Libau e elas formaram um grupo. Porque, entenda, o campo faz brotar necessidades que são inimagináveis na vida cotidiana. Em nosso grupo, passamos por esse teste – gloriosamente. Isso cria um laço que não se pode comparar nem mesmo aos laços entre irmãs e mães – vai além. Esse é o lado positivo de uma experiência daquele tipo.

Dentro de nosso grupo de oito mulheres, existiam subgrupos. Anita e eu éramos as mais jovens. Nettie e Lydia, as mais velhas. Para nós, elas faziam o papel de mães, éramos como suas filhas. Lenie era especialmente próxima de Annie, e Rosy mais próxima de Rootje. Roubar coisas uma da outra era simplesmente inimaginável. Aliás, pelo contrário: se uma de nós conseguisse um pedaço extra de pão, ele seria dividido entre as oito. Todas recebíamos um pouco, por mais absurdo que isso possa parecer. E, embora ninguém se beneficiasse fisicamente disso, a atitude servia como um impulso psicológico.

Outro exemplo: Anita não tinha mais sapatos. E, mais perto do fim, eu tinha um amigo – bem, sim, um amigo, um pobrezinho. Era um escravo francês na fábrica e às vezes roubava algo para mim, algo que eu prontamente dividia em oito partes. Pedi a ele um par de sapatos para Anita e ele os conseguiu. Coloquei-os debaixo da cama de minha amiga – eram sapatos masculinos. Ela os viu como uma espécie de milagre dos céus. E os colocou nos pés. É curioso, mas só recentemente ela descobriu que fora eu a responsável por arrumar aqueles sapatos.

Tive a sorte de conseguir um vestido que aquecia. Certa vez, depois de uma ida aos chuveiros, após uma seleção, tivemos que jogar nossas roupas em uma pilha e as peças foram então jogadas arbitrariamente de volta para nós. Rosy viu meu vestido ali e correu para pegá-lo. Recebeu um golpe de chicote por fazer aquilo, mas trouxe o vestido e o entregou para mim.

Não muito tempo atrás, alguém me disse que eu, em alguma ocasião, tinha dado um pedaço de pão para ela, uma porção de pão, e ainda falam disso. Eu não lembro. Dar uma fatia de pão a alguém não me parece ser algo tão especial. Mas, naquele contexto, era algo considerável.

✡

Minha memória da libertação é mais forte do que qualquer outra coisa. Não tínhamos mais trabalho na fábrica onde anteriormente fazíamos correntes de pneus porque nunca mais entregaram material. Então fomos recrutadas, com nossos corpos exaustos, para construir um campo de pouso. Usávamos pás, pás enormes, e aguentávamos muitos abusos físicos. Durante as semanas finais da guerra, nos primeiros dias de maio, debaixo de chuvas contínuas, tivemos que construir esse campo de pouso, mas corria um forte rumor de que a Holanda havia sido libertada. Era verdade, mas não tínhamos nenhuma confirmação.

A certa altura, quando tudo estava completamente encharcado, fomos enviadas aos galpões. Dois rapazes holandeses, que também tinham trabalhado na fábrica, Frans e Bert, andavam pela estrada de terra que percorria a lateral do campo, cantarolando a melodia de "Piet Hein" (uma canção heroica do folclore holandês). Eles cantavam: "Estamos livres, a libertação chegou, e amanhã, amanhã estaremos livres".

Corremos para o lado de fora para ouvir o que eles estavam falando porque, obviamente, não tínhamos permissão para entrar ou chegar perto daquele campo, mas foi assim que nos avisaram. E gritamos repetidas vezes: "Eles estão cantando. Estão cantando que a guerra acabou".

O dia passou. Por fim, o tempo estava lindo na manhã de 8 de maio e nos preparamos para participar da contagem. Uma contagem muito estranha. A mulher que a comandou, a *Lagerälteste* (guarda sênior do campo) ficou ali, sorrindo. Havia uma grande comoção na guarita na entrada do campo. A contagem foi muito rápida. Então, recebemos permissão para retornar aos galpões e, em certo momento, nós os vimos ir embora. Logo depois, os trabalhadores escravos – os holandeses e dois franceses – entraram no campo. Estávamos livres! Podíamos entrar e sair! O impossível tinha acontecido: a guerra tinha chegado ao fim e nós estávamos livres! Eu me senti crescer; de alguma forma, fiquei mais alta. Fiquei com a coluna ereta, acho, e ergui a cabeça, alongando o corpo.

Sempre considerei aquele como sendo o dia mais lindo da minha vida: alongar-se e sentir o corpo e, com o rosto virado para o sol, ser tomada pela sensação de que tudo havia acabado, de que eu tinha sobrevivido. Era simplesmente impossível entender tudo aquilo, o sentimento intenso de felicidade se espalhando pelo seu interior porque você tinha sobrevivido, e eles, ido embora. Era impossível pensar em outra coisa. E quer saber o que fizemos? Aquelas pilhas de areia ao lado dos galpões, aquelas que tínhamos que montar com tanta precisão, ajustamos e ajeitamos com as mãos... e pulamos em cima delas.

E, daquele momento em diante, todos passaram a comentar: "Bloeme disse que no primeiro dia ensolarado de maio...". Afinal, eu tinha tido aquele sonho em novembro.

A sensação de culpa, a "culpa do sobrevivente", isso eu não tenho. É impossível sentir-se culpada por ter conseguido escapar do destino de quase todos os outros. Não sinto culpa nenhuma por isso. Considero pura sorte, um desfecho inesperado.

Fico feliz por não ter vivido aquele destino. Ter escapado me permitiu trazer uma nova geração ao mundo. Se existe algum sentido em ter saído viva é o fato de Hans e eu termos sido capazes de criar uma família relativamente grande e o fato de nossos filhos também terem tido filhos. Assim, contribuímos e demos forma à perpetuação do povo judeu.

Mesmo com tudo o que acontecia, ainda existia espaço para um pouco de humor no campo. Porque éramos otimistas, tenho certeza. Acima de tudo, quero tentar promover e encorajar o que há de melhor nas pessoas. De alguma forma, nunca perdi minha confiança no ser humano. Para dizer a verdade, acho estranho que seja assim, mas é.

Alguns antissemitas, os moderados, dizem: "Bem, não gosto de judeus porque certa vez um judeu me enganou". São estereótipos. Em primeiro lugar, não acredito neles; e, em segundo, não estou convencida da boa intenção dessas pessoas.

Quando quero brigar, digo: “Os cristãos mataram toda a minha família, assassinaram todo o meu povo, não apenas agora, mas ao longo dos séculos, e eu não odeio os cristãos”.

Também tenho um lado pessimista quando vejo que as pessoas estão cheias de violência e que isso não diminuiu ao longo dos séculos. Escavações arqueológicas mostram que pessoas foram assassinadas no passado. Na Bíblia, um dos primeiros atos da nova espécie humana foi o assassinato de um ser humano. O desenvolvimento da tecnologia torna possível destruir um número cada vez maior de pessoas de uma única vez. Portanto, no nível micro, sou otimista, mas, no nível macro, sou pessimista.

Lenie de Jong-van Naarden

Meus primeiros encontros com Lenie de Jong aconteceram sempre na companhia de Bloeme Evers. O fato de as duas terem sobrevivido juntas criou a base para um relacionamento muito próximo.

A camaradagem significava muito para Lenie. Com Bloeme Evers-Emden, Anita Mayer-Roos e algumas outras mulheres, ela formou um grupo no qual as integrantes ajudavam umas às outras a sobreviver nos campos de concentração.

O marido de Lenie esteve com Otto Frank em Auschwitz. Depois da libertação pelos russos, eles voltaram à Holanda, mas por um caminho longo e árduo, via Odessa e até a França de navio, para depois seguirem rumo à Bélgica.

Lenie é uma mulher sensível, calorosa e cativante, e pude perceber que nossas conversas trouxeram à tona muitas emoções. Ela quis contar sua história. E a contou, falando muito cuidadosamente, pesando cada palavra. Lenie relatou suas experiências de uma maneira que me afetou profundamente.

Até hoje, Lenie não entende por que sobreviveu. Como ela mesma diz: "Era o fim de tudo, realmente o fim de tudo. O fato de termos sobrevivido foi um milagre. Pessoas muito religiosas entendem melhor do que eu. Eu nunca entendi".

LENIE DE JONG-
-VAN NAARDEN

Nosso casamento aconteceu em agosto de 1942, no meio da guerra. Na verdade, não era nossa intenção casar naquela época porque meus sogros, que viviam na Antuérpia, tinham fugido para o sul da França. Não tínhamos mais contato com eles e gostaríamos muito que pudessem estar conosco em um momento tão importante. Mas as leis se tornavam mais rigorosas o tempo todo, então dissemos: "Vamos nos casar".

Nessa época, não podíamos ir à prefeitura, portanto, nosso casamento aconteceu em um lugar que abrigava a congregação judaica no Plantage Parklaan. Naquele dia, não pudemos pegar o bonde porque buscas estavam acontecendo. Tivemos de andar. O oficial do registro, que conduziu nossa cerimônia, fez um discurso lindíssimo. Ele nos encorajou. Provavelmente percebeu que precisaríamos de coragem.

No início de 1943, tivemos que entrar para a clandestinidade. Até o final daquele ano, ficamos escondidos com um sobrinho de meu marido em Haia. Depois, toda a situação foi denunciada, e entramos no trem a caminho de Amsterdã, onde fomos para casa de um amigo muito próximo, que sempre dizia: "Se alguma coisa der errado, venham para cá. Mas não podem ficar indefinidamente, podem ficar só por algum tempo".

De fato, ficamos ali durante vários meses à espera de um endereço na Frísia. O endereço finalmente apareceu e nosso amigo nos levou até a província, perto de Joure, acredito. Chegamos lá ao toque de recolher, às oito da noite, quando todos tinham que estar dentro de casa. Ficou combinado que alguém nos encontraria. E, realmente, um carro chegou – um carro com placa da Alemanha e luz baixa. Pensamos: "Meu Deus, o que vai ser de nós agora?". O veículo parou. Meu marido apresentou a senha e nós três entramos. Os dois homens jovens da Frísia, sentados nos bancos da frente, imediatamente nos ofereceram cigarros americanos. Eles não queriam que nosso amigo fosse conosco, mas conseguimos explicar a situação; assim, ele foi levado a outra fazenda, da qual saiu bem cedo na manhã seguinte para retornar a Amsterdã.

Seguimos de carro. Em algum lugar, no meio da estrada aberta, os jovens nos disseram: "Saiam agora. Vão andando até aquela árvore; atrás dela, há alguém que vai levá-los." Seguimos as instruções. Chegamos a uma fazenda, uma espécie de endereço intermediário onde um fazendeiro e sua esposa grávida nos esperavam com uma grande mesa já posta. Eles disseram: "Sirvam-se com o que quiserem – café, chá, o que quiserem." Tudo estava à mesa. Pernoitamos naquela casa. Algumas semanas depois, recebemos a notícia de que os nazistas haviam fuzilado o fazendeiro.

Na manhã seguinte, fomos pegos pelo mesmo carro e levados à Polícia Marítima de Delfstrahuizen, um lugar do qual eu nunca tinha ouvido falar. E ali passamos alguns dias.

Em março ou abril, seguimos para nosso endereço permanente, nos arredores de Oosterzee, para ficar com uma família da classe operária em uma pequena casa. Era um casal jovem, de nossa idade, com duas filhas pequenas. A casa era muito rústica, não oferecia água ou eletricidade e meu marido teve de pulverizar carboneto em um lampião para termos um pouco de luz. A água era racionada; era trazida por um fazendeiro da vizinhança. A água para a higiene vinha do fosso. Mas nada disso importava. Aquelas pessoas eram incríveis e nos demos muito bem.

Amigos que faziam parte do movimento de resistência vieram nos visitar e disseram: "Vocês precisam de um porão para se esconder". Afinal, aquela era uma casinha pequena no campo. Se alguém estivesse na frente, facilmente poderia ver a parte de trás. Construímos um abrigo subterrâneo: um buraco no chão que funcionava como um porão muito bem escondido.

No início de agosto de 1944, fui acordada por pessoas andando pela casa. No mesmo instante, percebi que alguma coisa estava errada. Rapidamente, meu marido e eu pulamos da cama e corremos, com nosso protetor, para o esconderijo. Eles entraram na casa, nós os ouvimos andando sobre nossas cabeças. Depois de algum esforço, conseguiram nos encontrar. Saímos do esconderijo usando roupas de dormir e ali ficamos, encarando os homens da SS holandesa, que disseram: "Rápido. Vistam-se e venham conosco." E disseram a nosso *onderduikbaas* (o homem que havia nos escondido em sua casa): "Você também vai".

Trocamos de roupa e só nos permitiram levar algumas coisas. Partimos imediatamente e fomos a Lemmer de bicicleta, no meio da noite. Eles fizeram a esposa de nosso *onderduikbaas* ficar parada do lado de fora da casa, de camisola, com um revólver apontado para o peito e ameaças de morte, caso ela não contasse onde estávamos. Entretanto, ela não disse nada. Quando tive um minuto para conversar com aquela mulher, ela disse: "Eu jamais os entregaria. Preferiria que atirassem em mim."

Em Lemmer, fomos levados à delegacia da polícia alemã, e ali nos interrogaram. Registraram-nos e, depois, fomos de ônibus a Heerenveen, e dali para a prisão em Leeuwarden, onde fomos registrados mais uma vez. Tivemos de entregar nossas posses – relógios e alianças de casamento. Meu marido e nosso *onderduikbaas* foram levados para a ala masculina.

Eu fui para a seção feminina, em uma cela com uma mulher mais velha. Depois, seguimos no mesmo transporte. Não ficamos muito tempo naquela prisão – apenas alguns dias e algumas noites.

Entre as carcereiras, havia uma que era muito amigável e outra um pouco menos. Mesmo assim, ambas fizeram o possível para tornar a vida um pouco mais suportável. Na noite que antecedeu o transporte, uma delas disse: "Senhora, vou colocá-la em uma cela com a senhora ___." (Não quero dizer o nome da outra detenta.) Aquela mulher tinha contatos no tribunal de justiça de Leeuwarden. Havia sido presa porque abrigara um professor da Holanda – a província de Holanda – em sua casa. A carcereira me deixou passar a última noite na cela com a mulher para que pudéssemos trocar algumas informações. Aquela mulher, que era extraordinária, disse: "Fui presa porque o professor 'tal' estava em minha casa, mas serei libertada. Estão trabalhando para isso. Você, infelizmente, vai no transporte." Ela era uma boa cristã e me encorajou muito. Antes de eu sair, a carcereira me deu uma grande vasilha de água para que pudesse me lavar. Eu tinha pouquíssimas roupas. Na manhã seguinte, ela me deu um pão para que eu pudesse me alimentar no caminho e fiquei muito grata. Ela disse: "Aqui, talvez você precise disso."

Na manhã seguinte, fomos reunidos no andar inferior. Voltei a ver meu marido ali. Nosso *onderduikbaas* ficou para trás, na cela em Leeuwarden. Os homens da SS holandesa estavam ali outra vez, no andar inferior, e nos algemaram. Meu marido e eu fomos algemados, assim como uma mulher mais velha, um homem mais velho e o professor Freida. E muitas outras pessoas também. Logo cedo naquela manhã, atravessamos Leeuwarden algemados como se fôssemos os piores criminosos, acompanhados por homens da SS. E assim fomos ao trem. Não havia praticamente ninguém na rua. Foi ultrajante ver aquilo acontecer, perceber que não havia ninguém ali para estender a mão àquele grupo de judeus, jovens e idosos. Perceber que havíamos sido deixados naquela situação para sofrer nosso destino.

Fomos colocados em uma área reservada no trem e levados, sob guarda, para Assen. Ali desembarcamos, ainda algemados, e permanecemos durante algum tempo enquanto esperávamos outro trem que supostamente chegaria. E, quando chegou, muitas pessoas de todas as idades saíram.

O policial que nos aguardava em Assen nos viu algemados e disse ao oficial da SS: “Tire essas algemas.” Mas o homem da SS respondeu: “Não, não. Esse pessoal vai continuar algemado.” O policial de Assen não estava uniformizado. Uma longa discussão teve início entre eles. Então, o oficial de Assen falou: “Ora, pegue as chaves e tire as algemas dessas pessoas. Vamos morrer de constrangimento se andarmos pelas ruas com as pessoas desse jeito.” Depois de um longo bate-boca, as algemas foram retiradas e fomos levados, com um grande grupo de pessoas, para a prisão de Assen.

O lado positivo era que eles nos esperavam com sopa de ervilha aquecida. Nunca me esqueço disso. Encontramos tantas pessoas gentis naqueles dias. O pessoal em Assen fez o que podia. Não nos enfiaram nas celas, mas nos deixaram sentar juntos em uma sala, nos deixavam conversar uns com os outros, nos deram sopa de ervilha, perguntaram se gostaríamos de tomar mais sopa. Não podiam fazer mais do que aquilo. Ao meio-dia, já estávamos em grandes furgões da polícia sendo levados a Westerbork.

Quando chegamos, fomos registrados pela enésima vez, mas, como éramos condenados, acabamos nos galpões “S”, os galpões de punição, onde homens e mulheres ficavam separados. De qualquer forma, a distância entre os galpões masculinos e femininos não era tão grande. Durante o dia, eu podia ver e ficar com meu marido.

Os galpões estavam muito cheios. Tínhamos que garantir um espaço pequeno na cama. Fiz amizade com uma mulher da minha idade. Imediatamente nos tornamos muito próximas; a amizade surgiu no primeiro minuto e depois ficamos juntas. E dormíamos juntas na parte de cima de um beliche. Os galpões eram muito sujos, superlotados e infestados de pulgas. Você usava o que tivesse para forrar a cama e ficava vestida para que as pulgas incomodassem o mínimo possível.

Fomos colocadas para trabalhar nas baterias. Nossa tarefa consistia em remover o linhito das baterias. Já tínhamos recebido um avental –

azul-escuro com a parte de cima vermelha – e tamancos de madeira. Tínhamos que entregar nossas roupas na entrada. Todos os dias, formávamos fila para ir à seção das baterias. Ficávamos cobertas com a poeira marrom que se espalhava pelo ambiente e precisava ser juntada e colocada em latas enormes. Era horrível. Não tínhamos sabão. Alguém dos galpões *vrije* (onde ficavam os presos políticos) que tinha ouvido falar que meu marido e eu estávamos nos galpões "S" conseguiu entregar um pedaço de sabão para nós. Na época, aquilo foi maravilhoso. Conseguíamos nos lavar; havia muita água.

Além do trabalho com as baterias, que mantinha um grande grupo de pessoas ocupado, havia, obviamente, outras tarefas: o trabalho na cozinha, a limpeza dos galpões e das ruas – que eram de terra e areia, mas que precisavam ser bem varridas, em especial para visitas oficiais, quando tudo tinha de estar perfeito. Todos recebiam o máximo possível de trabalho.

Visitas oficiais aconteciam quando pessoas importantes vinham, ou seja, os alemães e seus capangas holandeses. Naquela época, Gemmeker e van Dam eram os mais importantes, acho. Essas pessoas verificavam se todas as camas estavam de acordo com o regulamento e coisas desse tipo. Quando gritavam *Achtung* (atenção), você tinha de ficar em posição de sentido e eles verificavam tudo para saber como estavam as coisas.

Aqueles que estivessem doentes não podiam simplesmente ficar em suas camas; tinham de ir ao hospital. Mas todos tomavam cuidado para não ficar na cama. E ficavam de pé o máximo de tempo possível.

Em Westerbork, rapidamente conhecemos muitas pessoas. Afinal, todos ali estávamos no mesmo barco e havia uma sensação de união. Algumas mulheres encontravam-se acompanhadas de seus maridos, alguns casais estavam com seus filhos. Outras pessoas estavam com sobrinhos, sobrinhas, avós, avôs; algumas famílias inteiras haviam sido pegas e levadas a Westerbork. Era uma massa enorme de pessoas reunidas, mas recebíamos alimentos regularmente. A comida, é claro, não era muito boa, mas ela existia, e isso era muito importante. Infelizmente, as grávidas ou as mães com filhos muito pequenos não recebiam o tanto de que precisavam.

Sabíamos, obviamente, que em algum momento seríamos transportados, mas não sabíamos muito bem como era o transporte. Sabíamos que Westerbork não era o destino final, mas não tínhamos ideia do que estava por vir. Se tivéssemos sido autorizados a ficar em Westerbork até o fim da guerra, seria uma bênção, mesmo com a superlotação e aquelas condições.

Naturalmente, tínhamos ouvido o nome Auschwitz, mas ele não significava nada. Sabíamos que não era um lugar agradável, mas não tínhamos noção da dimensão daquilo e nem de onde ficava. Em algum lugar na Polônia, e só. De fato, algumas notas, algumas palavras escritas sobre a chegada, tinham vindo até nós, trazidas nos vagões de gado, mas qualquer coisa poderia ter sido acrescentada ou excluída dessas notas. Então, apenas esperávamos. De certa forma, estávamos resignados pelo que eles queriam fazer conosco. Sabíamos o que nos esperava.

Em Westerbork, encontrei a família Frank pela primeira vez. Meu marido rapidamente fez contato com Otto Frank e os dois se deram muito bem. Os dois tinham longas conversas e nós mantínhamos um bom relacionamento com a senhora Frank, que eu sempre chamava de "senhora Frank". Nunca a chamei pelo primeiro nome; era uma mulher muito especial. Eu tinha menos dificuldade em dizer "Otto". Ela se preocupava muito com as filhas. Era uma relação muito próxima – a mãe e suas filhas.

Logo depois, fomos transportados. Eu naturalmente conversava com as meninas. Anne, em especial, sempre foi muito doce. Era de partir o coração ver pessoas tão jovens e não poder fazer nada além de tentar protegê-las. Aquelas crianças esperavam tantas coisas da vida... Nós também esperávamos, é claro, mas já éramos alguns anos mais velhos. Eu tinha 27 ou 28. Meu marido, 31. Mas o mais trágico era que você não podia fazer nada, absolutamente nada. Tínhamos que deixar acontecer, esperar acontecer.

Provavelmente era melhor quando pais ficavam com seus filhos porque, depois da guerra, conheci algumas mães que perderam os filhos, e com frequência, penso: "Por que será que essa mãe também não foi para a câmara de gás? Teria sido melhor...". Depois da guerra, as vidas delas se tornaram insuportáveis. Ainda conheço essas mulheres e elas ainda carregam essas dores. Mulheres que perderam mais de um filho e o marido, algumas nunca se recuperaram. Nesse sentido, morrer com a família talvez tivesse sido melhor.

Em Westerbork, conheci mulheres que, assim como eu, eram casadas e não tinham filhos. Algumas delas estavam com familiares, com seus pais e irmãos e primos. Mantive contato com essas mulheres em Auschwitz. O grupo todo havia sido levado junto e, intuitivamente, ficado assim até o presente. Essas mulheres... todas voltaram sozinhas. Eram viúvas depois da guerra. Algumas tinham filhos que haviam ficado em esconderijos na Holanda e conseguiram sair vivos. Duas mulheres entre nós haviam sido pegas com a família inteira. Uma delas voltou... sem nenhum membro da família. Elas parecem ser capazes de suportar mais, de levar as ordens menos a sério, e talvez fossem um pouco mais independentes.

Também tive a oportunidade de conhecer Bloeme, uma mulher muito especial. Estava sozinha e se mostrou ansiosa por se unir a nós. Era uma jovem apaixonada. Contávamos um pouco sobre nossas vidas umas às outras e aí a amizade floresceu. A mesma coisa aconteceu com Anita. Ela estava com o pai, a mãe, a avó, o irmão e o sobrinho. Todos foram transportados conosco naquele vagão de gado. Anita tinha certeza de que alguns daqueles homens jovens retornariam, mas ela foi a única a voltar. Isso é o mais triste de toda a situação.

✡

Os transportes sempre partiam às terças-feiras. É possível que o último transporte tenha saído em um domingo, mas não lembro ao certo. Via de regra, partiam às terças-feiras. Mais para o final, os nazistas passaram a ter muita pressa; tinham uma pressa enorme. Na noite anterior, os nomes daqueles que haviam sido selecionados para o transporte eram anunciados. Nada podia ser feito para evitar. Quando ouvi o meu nome e o nome do meu marido serem chamados, chorei. Foi a única vez. Depois disso, não chorei mais.

Logo no início da manhã, fomos levados a um trem muito longo, com muitos vagões. Ao lado da locomotiva estavam os homens da SS com seus cachorros, e também o comandante, que não mexia um músculo. O que acontecesse, eles deixavam acontecer. Éramos empurrados para dentro dos vagões. Os doentes eram forçados para dentro em macas. Alguns idosos enfrentavam dificuldade para subir. Era uma imagem terrível.

Fomos parar no mesmo vagão da família Frank, talvez por conta da relação existente entre meu marido e Otto.

Havia um pouco de palha no chão. Você podia ficar em pé ou sentado, se houvesse espaço. Quando o vagão era preenchido com aproximadamente setenta pessoas, as portas eram fechadas pelo lado de fora. Perto da parte superior havia uma janelinha fechada por barras de ferro. Um homem jovem ficou ali e nos dizia em que direção estávamos indo. Havia uma pequena vela em uma lata presa ao teto, oferecendo um pouco de luz. Tínhamos que fazer nossas necessidades em um balde que, já na primeira hora, estava cheio e, depois disso, passou a transbordar. Com setenta pessoas a bordo, a sujeira era terrível, tudo ficava úmido. Durante a viagem, alguns homens jovens viram a oportunidade de esvaziar o balde pelas fendas entre as portas. Você deve ter uma ideia de quanto aquilo fedia.

O trem seguia a uma velocidade terrível. Às vezes, parava durante várias horas; de vez em quando, as portas eram abertas. Na maior parte do tempo, todavia, permaneciam fechadas. O jovem na janelinha dizia de tempos em tempos: “Agora estamos em tal lugar”, “Tudo está em ruínas; um bombardeio certamente aconteceu aqui.” Isso nos dava muita satisfação.

Depois disso, ouvimos que o trem havia parado porque algumas pessoas em outro compartimento tinham serrado um buraco no chão. Enquanto ainda estavam na Holanda, saíram pelo buraco e deixaram o trem passar sobre eles. Alguns deles conseguiram fugir. Uma mulher perdeu as mãos e um homem, o braço. De uma forma ou de outra, eles receberam ajuda nos vilarejos onde chegaram. E saíram vivos.

Mas ninguém mais escapou – era impossível. Sei que algumas pessoas pularam dos transportes, mas elas deviam estar em algum trem regular. Era impossível escapar do vagão de gado, que ficava trancado pelo lado de fora.

A senhora Frank havia roubado um avental e passou parte da viagem ao lado da luz da vela, costurando a parte vermelha. Deve ter pensado que, sem o tecido vermelho, ninguém saberia que eles eram prisioneiros. Bem, o que ela estava fazendo não tinha o menor sentido porque, quando chegamos a Auschwitz, tivemos que deixar tudo para trás nos vagões de gado. Mesmo assim, para ela aquilo era importante, pois a costura lhe trazia algum tipo de satisfação.

Muitas pessoas, entre elas as irmãs Frank, dormiam encostadas contra o corpo da mãe ou do pai; todos estavam extremamente cansados. E ainda havia a tensão do que poderia acontecer em seguida... Talvez o trem sofresse um acidente. Podia haver um bombardeio – na verdade, tínhamos a esperança de que acontecesse. Nada, nada aconteceu. Muito embora houvesse muitos bombardeios e todos soubessem o que estava acontecendo naqueles trens. Nada aconteceu com eles. Muitas pessoas dormiam. Era simplesmente um trem da morte. As pessoas morriam no caminho e muitos morriam quando chegavam ao destino.

Acho que passamos dois dias e duas noites naqueles vagões de gado. Depois da guerra, alguém me perguntou: “Vocês não receberam nada para comer?". Não, não recebemos nada, absolutamente nada. Se tivéssemos levado algum alimento, tudo bem, mas acredito que ninguém tenha levado. Não tínhamos nada.

O jovem próximo à janela, que nos mantinha informados, aparentemente conhecia muito bem o mapa da Europa. Ele disse: "Estamos indo para o Leste, seguindo na direção da Polônia. Portanto, é muito provável que estejamos a caminho de Auschwitz." Talvez fosse uma espécie de proteção, uma forma de manter seus pensamentos para si com o objetivo de não amedrontar outras pessoas e não se entregar... O que era Auschwitz? Isso ainda viríamos a descobrir.

Por exemplo, algumas pessoas naqueles vagões tinham lavado seus lençóis em Westerbork e os levado na esperança de que estivessem secos quando chegássemos a Auschwitz. Você via aquilo e não entendia. Todos estávamos convencidos de que a situação não tinha saída. Mas, mesmo assim, não me lembro de ninguém que ficasse chorando ou se despedaçando. As pessoas se mantinham calmas.

Isso porque éramos holandeses e nunca havíamos sido confrontados com aquilo. Descobrimos esse fato posteriormente, com as polonesas e as húngaras. Elas eram mulheres experientes, que sabiam se esquivar do trabalho. Conheciam os métodos dos antissemitas e estavam muito mais bem preparadas do que nós, que ainda não tínhamos nos tornado tão duras. De modo geral, as holandesas derretiam como a neve sob o sol. Aparentemente, nem as mais jovens, nem as mais velhas teriam qualquer chance.

Um vagão de gado como aquele, superlotado com setenta pessoas, não tinha espaço suficiente para todos ficarem sentados ou deitados. Mesmo assim, havia respeito de um pelo outro. Os homens mais novos tentavam dar espaço para as pessoas mais velhas ou para as mulheres, para que pudessem alongar um pouco as pernas ou até mesmo dormir. Ainda penso com frequência nessa viagem de trem. Especialmente durante a noite. Muitas vezes não consigo dormir porque me surge uma imagem mental daquele trem acelerando pela noite.

Em certo momento, o trem reduziu a velocidade e parou. Não me lembro se foi ao amanhecer ou ao entardecer que chegamos. Eles abriram violentamente as portas. No mesmo instante, vieram gritos terrivelmente altos pelos alto-falantes. Policiais e soldados uniformizados esperavam ali. Todos saíram, uns por cima dos outros, dos vagões de gado: mortos, doentes, crianças.

Os gritos que chegavam pelos alto-falantes eram ordens para que deixássemos nossas bagagens para trás e formássemos filas, levando apenas a bagagem de mão – homens de um lado, mulheres do outro. Em seguida, deveríamos seguir em frente. A forma como eles nos acompanhavam era desumana, degradante. Andavam com chicotes, com cachorros. O melhor seria cair morto. Mas, enquanto isso não acontecesse, você tinha que seguir andando.

Meu marido e eu nos despedimos ali, muito rapidamente – eles não nos davam tempo para nada. Fui para o lado das mulheres; os homens iam para o outro lado. Andamos na direção de Mengele e seus bajuladores. Mas só depois soubemos que aquele homem era Mengele. Ele dizia: "Deste lado" ou "daquele lado". Então, seguimos por um lado; várias pessoas foram para o outro lado, pessoas que eu conhecia, inclusive. Acenamos umas para as outras e nos despedimos como se fôssemos voltar a nos encontrar. Mas nunca mais vimos aqueles que foram para o outro lado. Depois, entendemos que aquilo era uma seleção.

Eu menstruei – o que costumava ser fonte de muito nervosismo. Tive a chance de pegar um absorvente no vagão porque eu precisaria daquilo. Saímos da seleção como um grupo bem menor e ficamos paradas em algum lugar, ali dentro, por horas. Vimos fuligem e fumaça, mas ninguém perguntava o que poderia ser aquilo. Homens usando uniformes listrados se aproximavam de nós, inclusive alguns holandeses, e me lembro de ter perguntado a um deles: "O que é aquilo lá longe?". E ele respondeu: "Aquilo não tem nada a ver com você. Você vai para a quarentena. Aquilo não é para você, você vai chegar até o fim".

Estávamos morrendo de sede e fome. Fomos levadas a um salão enorme perto dos galpões e ali ouvi alguém falar holandês. Era Annetje, que trabalhava na cozinha. Ela perguntou: "Há alguma holandesa aqui?"

"Sim", respondemos.

Annetje era uma garota muito boa. Ela disse: "Esperem."

E então trouxe um container com um líquido vermelho – água de beterraba ou algo assim – e nos deu. Todas bebemos um pouco.

Depois, tivemos de formar fila em ordem alfabética e então paramos em frente a uma mulher, uma polonesa antissemita. Ela segurou meu braço esquerdo com força, virou-o e começou a furá-lo com uma agulha. Aquelas picadas eram dolorosas. Nesse momento, ainda vestíamos nossas roupas.

Quando o número estava tatuado, éramos empurradas para o lado de fora. Meu relógio e minha aliança de casamento haviam sido devolvidos na prisão. Tirei tanto o relógio quanto a aliança e os pisoteei, porque eu havia descoberto que tudo acabaria sendo entregue aos nazistas. Talvez tenham ido parar nas mãos deles, mas pelo menos estavam quebrados.

Quando estávamos todas em pé, juntas, com os números tatuados, fomos direcionadas a um enorme corredor. "Tirem tudo." E nossas roupas foram jogadas em uma pilha. As mulheres que estavam menstruadas puderam manter uma peça de roupa e então fomos agrupadas novamente, mas agora nuas. Eles usaram máquinas para cortar nossos cabelos. Eu tinha cabelos longos e presos com presilhas. Tive de tirá-las todas. Eu as segurava na mão; os cabelos estavam no chão. Um pouco à frente, outras mulheres tinham seus corpos depilados. Eles perceberam que eu ainda estava vestindo uma peça. Então a arrancaram. Tive que encontrar uma forma de me virar.

Depois, fomos levadas para uma sala grande. Anunciaram que a única coisa que podíamos manter era nossos sapatos. Tivemos que passar desinfetante neles antes de entrar e deixá-los ali. Depois fomos chamadas ao centro da sala.

Meus sapatos eram muito bons, eram tênis para esportes, e eu estava muito preocupada com a possibilidade de alguma coisa acontecer com eles, então os observei muito cuidadosamente. Foram recolhidos e um par de sapatos colocados no lugar. Como era uma luta de vida ou morte e como pensei que não teria chance de viver sem meus sapatos, fui até um homem da SS, menstruada e tudo, completamente nua. Eles andavam, com seus chicotes, de um lado para o outro e, sempre que uma daquelas mulheres nuas – e também indefesas – não os agradava, ela era chicoteada. Falei ao homem da SS: "*Befehl ist Befehl*" (Ordens são ordens). Você disse que poderíamos manter nossos sapatos. Meus sapatos foram roubados." Ele me empurrou para trás com o chicote e me olhou de cima a baixo. Então disse: "Quem fez isso?"

"Aquela mulher ali", respondi.

Ela estava usando meus sapatos. E não era parte do nosso grupo. Tinha alguma função ali... Mas não sei qual. Ele a fez aproximar-se. A mulher teve que tirar os sapatos e colocá-los no chão. O homem da SS a atingiu com tanta força com o chicote que acho que ela não sobreviveu. Entenda, víamos muitas coisas acontecerem ali. Um incidente não chamava mais a atenção do que os outros. Todos estavam ocupados com o extermínio. Ela também era uma judia que, aparentemente, podia varrer o chão.

Depois, seguimos até os chuveiros, onde pelo menos ainda havia um pouquinho de água. Ainda molhadas, fomos mandadas para o lado de fora. Não tínhamos toalha nem nada disso. Ali, jogaram-nos algumas roupas. Peguei a parte de cima de um pijama rasgado e uma saia. E nada para usar por baixo, absolutamente nada.

Parece impossível mas, mais uma vez, tivemos que participar de uma contagem. Formávamos uma imagem horrível, todas nós de cabeça raspada. Minha menstruação estava muito pesada e uma *Aufseherin* (guarda) que nos supervisionava colocou um absorvente em minha mão. Ela não olhou para os lados mas, de alguma forma, viu o que estava acontecendo comigo. Outras mulheres estavam menstruadas. Talvez também tenham recebido alguma coisa. Não sei. Mas fiquei muito grata àquela mulher.

Ficávamos em filas durante a contagem. As filas tinham de estar alinhadas com precisão. Tínhamos que esticar o braço para medir se a distância entre todas era igual, porque, quando a SS chegava, eles tinham que conseguir andar com facilidade entre as fileiras.

Somente quando estávamos perfeitamente alinhadas, recebíamos algo para beber. Cada fileira recebia uma lata cheia do que eles chamavam de café – um líquido marrom. E se eu lhe disser agora que havia mulheres com febre alta, as bocas completamente secas, você entenderia que algumas de nós só tomávamos um gole ou um gole e meio – afinal, a solidariedade é muito importante em circunstâncias como aquelas. Não se tomava mais porque a mulher na fileira de trás ficaria sem nada. Também recebíamos uma fatia de pão, uma espécie de pão fermentado, que era nosso café da manhã. Tínhamos de passar com isso até a manhã seguinte.

Fico tranquila por meus pais e o resto da família terem ido imediatamente para a câmara de gás. Melhor assim. Foram poupados de um martírio enorme. Não sabiam o que aconteceria. A morte veio de imediato e eles foram poupados de tudo. Mas a luta das mães com filhos, com filhos que eram levados delas, isso era o pior, pois aquelas mulheres ainda tinham que seguir a rotina de trabalho, o que era mais do que horrível.

De uma forma ou de outra, descobríamos que as pessoas estavam se tornando vítimas do gás, que havia salas fechadas às quais eram levadas. Com frequência pensávamos: "Agora chegou a minha vez". Bem, por algum motivo desconhecido, não fomos para a câmara de gás.

Posso narrar um acontecimento. Fomos colocadas em um grande galpão com pessoas de todas as nacionalidades. Certo dia, todos esses galpões foram esvaziados. Tenha em mente que aqueles galpões abrigavam pelo menos 1500 mulheres em seus corredores longuíssimos, três camas, uma em cima da outra, com doze mulheres agrupadas em cada uma dessas camas. Aliás, "camas" é uma palavra elegante demais. Eram plataformas com cobertores de cavalo. E você podia deitar-se em cima ou embaixo delas. Sempre nos deitávamos uma ao lado da outra, em grupos de dez ou doze, como sardinhas enlatadas.

Aquele galpão era enorme, gigantesco. E totalmente tomado por mulheres com números tatuados no braço. Aliás, achávamos que aqueles números eram um bom sinal, porque pelo menos significavam que havíamos sido registradas. Porém, esse pensamento era completamente errado. Pessoas chegavam em números enormes e eram enviadas regularmente para as câmaras de gás.

Mas, naquela noite, estávamos deitadas nas camas e ouvimos automóveis passando de um lado para o outro. Mulheres eram forçadas a entrar nos carros. A responsável por nosso galpão não era judia, mas uma presa política russa. Como sabíamos? Todas tínhamos um tipo ou outro de "marca" e, com base nessa marca, sabíamos se alguém era assassino, preso político ou simplesmente um judeu. Ela abriu as portas do galpão na parte da frente e na parte de trás. Estava muito escuro lá fora. Só se conseguia avistar a cerca elétrica de arame farpado porque algumas luzes estavam acesas. Estávamos completamente paradas e vimos a russa responsável pelo campo passar de cama em cama e com rapidez se esconder novamente no corredor. E ela dizia algumas palavras para as mulheres. Quando se aproximou de nós, pediu: "*Seid bitte ruhig*" (Por favor, fiquem em silêncio). E foi para a próxima cama. O truque funcionou. Por causa disso, eles se esqueceram de esvaziar todo aquele galpão.

Enquanto os carros seguiam na direção dos outros galpões e nós permanecíamos em silêncio absoluto, ouvi um grupo bem grande de francesas lá fora cantando "La Marseillaise". Foi assim que elas foram para a câmara de gás.

Acho que a russa foi morta. Era uma presa política comum. Ah, o ódio que eles nutriam pelos russos era no mínimo tão forte quanto o ódio que sentiam por nós, se não maior. Afinal, os nazistas estavam em guerra com os russos e aquelas mulheres politicamente ativas, que haviam resistido... bem, os nazistas não gostavam nem um pouco delas. E aquela mulher corajosa salvou nossas vidas.

Garotas já crescidas, que poderiam ser produtivas no trabalho, tinham permissão de ficar com suas mães. Por isso, Margot e Anne Frank ficaram com a mãe. Entretanto, a maioria das mães tinha de entregar suas filhas. Elas sempre perguntavam: "Você sabe onde está a minha filha? Você sabe?". E eu sempre dizia: "Não, eu não sei, mas não podemos deixar isso nos afetar. Temos que fazer nosso melhor para seguir em frente. Tenha esperança de que o melhor está por vir". Eu sabia que as mães com filhos estavam em situação pior. As mulheres grávidas não tinham nenhuma chance. Muitas delas se lançavam contra a cerca elétrica.

Individualmente, acho que ninguém tinha a menor chance. Talvez outras pessoas agora digam: "Fico feliz porque eu estava sozinho, foi por isso que sobrevivi". Mas, para mim, isso não se aplica, e tampouco se aplica ao nosso grupo.

No período que passamos em Auschwitz – aproximadamente dois meses –, a senhora Frank tentou muito manter as filhas vivas, mantê-las ao seu lado, protegê-las. Naturalmente, conversávamos umas com as outras. Mas não podíamos fazer absolutamente nada além de dar conselhos, como: "Se elas forem à latrina, vá com elas". Porque mesmo no caminho entre o galpão e a latrina alguma coisa podia acontecer. Podíamos, mesmo sem querer, passar em frente a um homem da SS. E corríamos o risco de ele acabar com nossa vida. Eles simplesmente espancavam as pessoas até a morte. Para eles, não fazia a menor diferença. Um ser humano não era nada.

O trabalho que fazíamos consistia em arrastar as pedras de um lado ao outro do campo. Para que isso era necessário? Vai saber... Havia outro grupo que levava as pedras de volta. Tínhamos que trabalhar, mas não nos apressávamos. Obedientemente, levávamos as pedras aos homens que precisavam delas, mas tentávamos, mesmo sem dizer nada, atrasar um pouco o trabalho. Dizíamos umas às outras: "Deixe-o esperar" ou "não vá tão rápido". Mantínhamos um ritmo muito lento. Posteriormente, quando fomos trabalhar nas fábricas de Libau, fazíamos correntes de pneus e sempre aprontávamos alguma coisa para as máquinas quebrarem. Nada era verbalizado; acontecia espontaneamente.

Estávamos sempre juntas em Auschwitz. No nosso grupinho, todas fazíamos o mesmo trabalho: carregar pedras. Ficávamos mais ou menos juntas. Não andávamos sempre uma ao lado da outra, é óbvio, mas ficávamos de olho umas nas outras e, quando possível, voltávamos ao galpão e deitávamos juntas novamente.

O medo, é claro, também tinha um limite. Somente uma coisa podia nos acontecer: ir para a câmara de gás. Mas não podíamos pensar o tempo todo nisso. Quando chegássemos a esse ponto, bem, aí não haveria como escapar, aí provavelmente teríamos um ataque de pânico, aí desistiríamos da luta. De forma paulatina, todavia, chegávamos ao limite da esperança. Em Auschwitz, você perdia a esperança. Não tinha a ilusão de que um dia sairia dali. Apenas quando, enfim, nos vimos em outro transporte e pudemos deixar aquele lugar para trás a esperança voltou a brotar.

Não se podia evitar nada – nada. Eles pensavam por nós. Esperavam que não pensássemos em nada, porque, se o fizéssemos, a ideia não poderia ser colocada em prática; assim, se a pessoa tivesse algum pensamento, deveria ou compartilhá-lo apenas com os amigos, ou simplesmente não contá-lo a ninguém. E ninguém perguntava: "O que você acha dessas circunstâncias?".

Depois de dois dias em Auschwitz, todos os nossos sentimentos desapareciam. Por meio de nossas conversas, tentávamos evitar que isso acontecesse. Falávamos sobre nossas vidas e sobre nossos maridos e sobre como nossa vida tinha sido até ali. Era assim que preenchíamos o tempo quando não estávamos dormindo.

Em Auschwitz, a higiene era abominável. Havia água, se você conseguisse chegar a ela. De manhã, os nazistas esperavam que estivéssemos em fileiras organizadas de cinco pessoas, com os cabelos penteados, lavados e limpos, mas não tínhamos material para isso. Saía água das torneiras, mas havia placas com crânios e ossos cruzados em todos os cantos. Talvez realmente fosse veneno. Mas sei que bebi daquela água. Estávamos morrendo de sede. Todos os dias, nosso alimento era uma fatia de pão. Às vezes, recebíamos também um pouquinho de manteiga, às vezes despejavam uma colher de chá de manteiga em nossas mãos. Annie e eu sempre dividíamos nossas porções de manhã e à noite. No máximo, tínhamos uma fatia e meia de pão. Era muito pouco e, depois, ficaria ainda menos.

Lembro que Anne Frank teve uma erupção cutânea e acabou indo parar no *Krätzeblock*. Ela teve sarna. Margot foi voluntariamente ficar com a irmã. As duas ficavam uma com a outra, e a mãe entrou em total desespero. Ela sequer comeu aquele pedaço de pão que recebeu. Com ela, escavei um buraco sob a parede de madeira do galpão onde as meninas estavam. O chão era de terra úmida, então dava para cavar um buraco se você tivesse força. E eu tinha. A senhora Frank ficava ao meu lado, perguntando: "Está dando certo?"

"Sim", eu respondia.

Escavei abaixo da madeira e, através do buraco, podíamos conversar com as meninas. Margot pegou o pedaço de pão que passei por ali e as duas o dividiram.

Logo depois, fomos para o transporte e elas ficaram para trás. Depois, foram enviadas, doentes, a Bergen-Belsen. Pelo menos Anne estava doente. Disso já sabíamos. A senhora Frank não foi conosco no transporte, nem com as meninas. Ela ficou para trás, em Auschwitz.

No galpão onde as irmãs Frank estavam, as mulheres ficavam loucas, completamente loucas. Eram essas as pessoas que se lançavam contra a cerca elétrica. Não que para nós fosse fácil suportar tudo aquilo, mas talvez conseguíssemos relaxar um pouco, de uma forma ou de outra, conversando umas com as outras. Passar por tudo aquilo sozinha... essa ideia não funcionava; mesmo as mulheres mais fortes entravam em colapso quando ficavam sozinhas.

Auschwitz era, de fato, o fim de tudo; o chão de barro sempre com água parada; um pântano enorme sem qualquer sinal de verde. Nenhuma ave voava ali. Nenhum pássaro, é claro, nada. Não havia nada, nada que parecesse vivo, nenhuma flor, nada, absolutamente nada. Era o fim de tudo, realmente o fim de tudo. O fato de termos sobrevivido foi um milagre. Pessoas muito religiosas entendem isso melhor do que eu porque nunca entendi como um ser superior – se existe um ser superior – pôde deixar aquilo acontecer.

Pessoalmente, nunca acreditei em Deus. Talvez eu tivesse uma abordagem direta. Sou uma espécie de *Tevjei*, que chama Deus no momento que me é apropriado. Sim, já pensei nisso. Aliás, pensei nisso em Auschwitz. Chamei Deus para questionar. "Deus, o Senhor está deixando isso acontecer?". Nunca recebi uma resposta e nada mudou. Religião – ela vem com o leite materno, eu sempre disse. À minha volta, em nosso grupinho, havia apenas uma mulher que permaneceu religiosa durante os momentos bons e ruins. Ela nunca deixou de fazer suas orações de manhã e à noite. Ela olhava para o Leste; nós sacudíamos a cabeça. "Como ela consegue fazer isso?".

Em setembro, depois de nossa chegada, vinham os dias sagrados dos judeus. Com o Dia do Perdão chegando, um grupo de judeus poloneses teve a ideia de pedir para que eles adiassem a distribuição de pães de uma noite para a noite seguinte. "Será que poderíamos, talvez, receber o pedaço de pão que recebemos todas as noites junto com o pedaço que receberemos amanhã?". Como resultado, não recebemos nada. E eu ficaria contente em receber meu pedaço de pão.

Conversávamos umas com as outras sobre a atmosfera em casa e o que seria servido à mesa após o jejum. Mas também foram dias sombrios. Se eles podiam nos atormentar um pouco mais, certamente não perdiam a oportunidade. Então, não recebemos nada ao fim do Dia do Perdão.

Depois da enésima seleção, sabíamos que seríamos transportadas novamente, dessa vez para Libau. Tivemos nossos cabelos cortados e fomos desinfetadas mais uma vez. Eles passavam um tecido com uma coisa fedida debaixo de nossos braços e nas partes íntimas para matar nossos piolhos. Recebi um vestido de seda azul-clara e um casaco que não me servia. De qualquer forma, pelo menos recebemos alguma coisa para nos proteger do frio! Porque, eles nos disseram, estávamos partindo para um campo de trabalho.

Assim, passamos por mais uma seleção. Mais uma vez, o mesmo Mengele com seus bajuladores. Mais uma vez, nos vimos perfeitamente enfileiradas. Mas agora Nettie não estava conosco. Ficamos desesperadas porque aquilo era uma ameaça às nossas vidas, mas, é claro, acima de tudo, ficamos desesperadas por ela.

Onde estava Nettie? Ficamos ali por algum tempo. Depois, de repente, vimos nossa amiga completamente nua, carregando uma trouxinha de roupas, com o dedo nos lábios, pedindo silêncio. Ela havia sido enfiada no cubículo onde todas as mulheres eram colocadas antes de seguirem para a câmara de gás. Quando a porta foi novamente aberta para jogar a próxima mulher na câmara, ela se arrastou para fora dos braços do homem da SS e fugiu. Conseguiu surrupiar algumas peças de roupa e uma jaqueta. Acho que aquele foi um dos momentos mais felizes da minha vida, porque nós não conseguiríamos viver sem alguém do nosso grupo. Separadas, teríamos nos desintegrado. Nossa solidariedade mútua era enorme. Não queríamos que nada acontecesse. Sabíamos que Nettie tinha filhos. Eles estavam na Holanda. Seu marido não sobreviveu. Só viemos a saber disso depois, obviamente. Mas o tempo todo pensamos nas crianças que tinham de voltar a ver suas mães.

Nettie era uma pessoa muito calorosa. Fiquei muito doente em Auschwitz, com uma febre altíssima, e ela me disse: "Leen, a única coisa que posso lhe oferecer é um pouco do calor do meu corpo. Venha para perto de mim e amanhã você vai se sentir melhor."

E, de fato, melhorei. Depois, sempre dissemos: "Se estiver com calafrios, vá ali fora, fique parada na chuva, completamente nua, raspe a cabeça e você vai melhorar."

Antes de partirmos para Libau, na Alta Silésia, recebemos pão e um casaco de inverno. Na distribuição, não havia um clima de celebração, e sim de confiança crescente. Algo como: "Quem sabe... Talvez consigamos sobreviver..."

Fomos a Libau nos mesmos vagões de gado, mas a sensação de confiança crescente permaneceu conosco. Durante a viagem, que durou horas, estávamos acompanhadas por soldados, acho que eram homens da SS, mas eles se mostravam tão amigáveis quanto poderiam ser. Mesmo assim, não queríamos aceitar nada deles. Em suas bagagens, eles tinham salsichas e queijo, e nos ofereceram. Não aceitamos nada, embora naturalmente sentíssemos vontade e estivéssemos muito, muito famintas.

Eles abriram um pouco as portas do trem. Estávamos passando por uma região muito bonita. A paisagem agora era estampada pela neve – a Silésia se parecia um pouco com a Suíça. Não voltarei a visitar a região, mas era muito bonita.

Quando finalmente chegamos, mulheres alemãs nos esperavam perto do trem. Elas eram realmente amigáveis, bem diferentes das que tínhamos encontrado até agora. Os galpões ficavam em uma espécie de vale. Víamos as chaminés soltando fumaça, mas fomos tranquilizadas; eram apenas fornos. E os fornos continuaram acesos enquanto éramos divididas em grupos mas, depois disso, nunca mais foram acesos.

O inferno de Auschwitz havia ficado para trás, o que não significava que estávamos completamente seguras. Havia uma jovem conosco, da mesma idade de Anita e Bloeme, que parecia cada vez mais doente. Ela tossia e tossia e não conseguia comer o pouco alimento que trazíamos para ela. Estávamos muito famintas. Ela disse: "Podem comer. Ou não se atrevem? Eu estou com tuberculose."

Dissemos: "É claro que nos atrevemos a comer. Devolva o alimento e comeremos mais tarde." Era uma sopa muito aguada. Ela havia ingerido apenas uma colher; calmamente tomamos o resto. Cada uma tomou uma colherada.

Por fim, a jovem foi levada ao hospital, que era um pouco melhor do que aquele em Auschwitz. Era um galpão de pedra à frente do galpão onde estávamos. Era preciso pedir permissão a um soldado ou a um membro da SS para visitar a irmã doente – sempre a chamamos de nossa irmã. Depois, quando recebêssemos a permissão, atravessávamos o caminho estreito para uma visita rápida. Nessa época, já estávamos trabalhando na fábrica, então puxamos um pedaço de papelão de uma caixa, surrupiamos um lápis e todas escrevemos uma mensagem no papelão. Quem fosse visitá-la ocultava os escritos debaixo da roupa. Tudo isso tinha que ser feito às escondidas, mas fazíamos mesmo assim. Ah, ela estava tão doente. Uma de nós leu parte do que estava escrito para nossa colega. E ela riu. Depois, morreu.

Tivemos que enterrá-la com nossas próprias mãos – o que, de certa forma, indicava que as coisas ali eram um pouco mais humanas. Recebemos um carrinho de mão e um caixão da fábrica de caixões que ficava ali perto. Enterramos Tetta nesse caixão. Nós a levamos pela neve e pelo gelo até o cemitério, mas ela teve de ser enterrada ao ar livre. Um buraco já havia sido escavado naquele chão congelado e muito pedregoso. Recebemos ajuda para descer, com uma corda, o caixão dentro da vala.

Depois da guerra, colocamos um marcador em sua sepultura. Simplesmente contratamos alguém – agora os papéis estavam invertidos, não estavam? – e dissemos: "Você precisa fazer um letreiro com esse nome e a data do falecimento." Ela era filha de um cantor religioso de Leiden, e eu queria que o corpo fosse levado para a Holanda depois da guerra, mas uma mulher religiosa do nosso grupo disse: "Isso não pode acontecer. O que está na terra, fica na terra. Tetta era uma jovem religiosa e isso não é permitido." Aceitei essa orientação.

Nesse período, muitas mulheres morreram. Tampouco se ficava viva ali! Não apenas por conta do clima severo, mas também porque o trabalho era pesado demais. Estávamos construindo um campo de pouso do outro lado das montanhas. Subíamos a montanha logo cedo e depois descíamos até uma área gelada, às vezes chovendo, às vezes nevando. Muitas mulheres caíam e não conseguiam se levantar. Elas morriam ali.

Éramos quinhentas mulheres, todas com condições físicas para o trabalho. Havíamos sido selecionadas para isso – não apenas holandesas, mas muitas, de fato, eram holandesas. No início, trabalhávamos em uma fábrica produzindo correntes de pneus para os carros da SS. É lógico que, num primeiro momento, tivemos muita dificuldade para montá-las. Cada uma daquelas correntes pesava... bem, não sei quantos quilos. Depois, elas precisavam ser jogadas nas caixas de papelão, e dizíamos: "Está tudo certo. Vamos colocá-las nas caixas". As correntes eram formadas por correntes menores, reunidas em uma linha de montagem e, finalmente, de algum jeito, eram encaixadas em volta dos pneus dos carros.

Também fazíamos a limpeza – varríamos os corredores da fábrica e lavávamos os banheiros. Isso quer dizer que tirávamos o gelo. Tínhamos que fazer a limpeza sem praticamente nenhum produto de limpeza. Às vezes, jogávamos serragem no chão – serragem que conseguíamos na fábrica de caixões. E, com as cabeças raspadas, onde poucas mechas separadas cresciam, tínhamos uma aparência terrível. Também havia um francês que trabalhava na fábrica e, quando nós por acaso íamos ao banheiro ao mesmo tempo, ele dizia: "*Après vous, Madame*" (Depois de você, senhora). Vivíamos tão sujas que ninguém iria querer tocar em nós nem com uma vara de dez metros, mas aquele gesto me fazia sentir mulher outra vez.

Sabíamos que a guerra estava próxima do fim. Tínhamos uma *Lagerälteste*, uma megera, que certo dia nos disse: "Vocês todas têm que trabalhar, mas farei o possível para mantê-las aqui, porque há muitas mulheres que já estão andando pela neve, vindas do Leste. Os russos estão avançando. Mas farei de tudo para mantê-las aqui, para que não tenham que enfrentar a neve." A mensagem era clara. Mesmo assim, ela nos deixou paradas na neve, que chegava aos joelhos ou até mais alto. Trinta graus [Celsius] abaixo de zero era a temperatura normal. Para me proteger do frio, eu tinha um vestido aquecido de seda e um casaco, mas não contava com meias.

Sentíamos que alguma coisa aconteceria. Mas o quê? Estávamos isoladas, sem rádio, ninguém explicava nada. Porém, um certo clima prevalecia. No final, não trabalhávamos mais. Ficávamos dentro do galpão. Naturalmente, ouvíamos bombardeios constantes, cada vez mais próximos, mas não sabíamos quão próximos eles estavam, já que as montanhas ecoavam esses barulhos de volta para nós.

Certo dia, Annie e eu fomos escolhidas. Tivemos que ir lá fora serrar madeira com um serrote enorme. Era algo muito primitivo, serrar blocos enormes de madeira. Vai saber para quê...

Falei à Annie: "Vamos um pouco mais para frente e aí chegaremos um pouco mais perto da grade. Talvez alguns trabalhadores franceses passem por ali." E, de fato, alguns franceses que eu conhecia da fábrica passaram por ali dizendo: *"La guerre est finie"* (A guerra acabou).

"O que eles disseram?", Annie me perguntou.

"Eles disseram que a guerra acabou. Não pode ser! Ainda estamos trabalhando!"

Acho que era 6 de maio. No final da rua, eles se viraram novamente para nós e repetiram: *"La guerre est finie"*. Falavam enquanto andavam, porque não podiam ficar parados.

Mais tarde, voltamos aos galpões e contamos aquilo para as outras mulheres.

Bem, o 7 de maio foi uma bagunça, uma coisa estranha. No dia 8, vimos que os nazistas tinham ido embora. Lembro que Nettie, que havia sido selecionada e não podia mais trabalhar em Libau, olhou para fora de uma janela do galpão e disse: "Pessoal, a guerra acabou."

Eu estava sentada perto dessa janelinha e nós respondemos: "Você só pode estar louca." E não fizemos nada.

Mas logo algumas mulheres chegaram dizendo: "Ei, os nazistas foram embora. A guerra acabou. Acabou, mesmo."

Fomos para o lado de fora, mas não para fora da cerca de arame farpado – estávamos tão acostumadas a ficar atrás do arame farpado. Então chegou o primeiro russo.

Um oficial – e depois outros oficiais – com a foice e o martelo estampados em seus chapéus entrou no campo. Eles reuniram todas as mulheres à sua volta. Falavam alemão. Os oficiais russos falavam alemão ou inglês; os soldados comuns falavam apenas russo. O oficial era judeu. Ele ficou em pé em cima de um banquinho – nunca vou esquecer isso – e atirou para cima com o revólver. E disse: "Enquanto vocês estiverem aí, prometo que nos vingaremos. Acreditem. Vocês acabam de ser libertadas por nós." Depois disso, cantamos "A Internacional" em várias línguas diferentes – francês, alemão, holandês.

Ao meio-dia, pudemos deixar o campo. Na estrada, toda uma unidade do Exército russo passou por nós. Inconcebível – tantos feridos e tantas coisas terríveis. Os tanques eram abertos porque tinham que parar de tempos em tempos. Mulheres saíam desses tanques, três ou quatro de cada um. As pessoas que conhecemos ali eram maravilhosas, realmente bondosas, camaradas. A primeira coisa que fizeram foi nos oferecer pedaços de bacon, que era o que tinham nas cabines. Mas não comemos, não conseguíamos comer. Era gorduroso demais. Apenas conseguimos lamber.

As holandesas eram um pouco lentas para tomar a iniciativa. Não éramos muito boas com organização. Naquele mesmo dia, mulheres polonesas e húngaras correram para perto de um fazendeiro que tinha latas de leite em sua carroça. Chutaram o homem para fora do veículo e voltaram ao campo com os cavalos e o leite. Foi o primeiro leite que recebemos. Mas elas também voltaram com galinhas debaixo do braço, as quais abateram imediatamente. Logo depois, fizeram sopa de galinha e algumas outras coisas. Eram muito melhores do que nós com essas coisas.

Também procuramos casas na região. Tentávamos satisfazer nosso apetite, mas sempre retornávamos com as coisas erradas, com pães. Eu tinha uma pilha de pães que quase tocava o teto, e Annie disse: "Vamos começar com os que estão por baixo." Todos aqueles pães, empilhados uns sobre os outros... E dissemos: "Sim, mas o que faremos com os que estão por cima? Afinal, são tão deliciosos e frescos."

Com a exceção de Anita, Nettie e Lydia, que seguiram por outro caminho, nós voltamos a pé para a Holanda. Passamos semanas andando... É algo impensável. Pernoitávamos nas casas de fazendeiros. Havia alguns homens holandeses conosco, e eles tinham trabalhado na mesma fábrica. E alguns franceses também nos acompanharam. Éramos mais ou menos dez ou doze. Annie era a mais esperta. Ela fez os russos lhe entregarem um documento com um selo vermelho, com a foice e o martelo, e isso ajudou muito. Os alemães temiam tanto os russos, muito mesmo, então tiramos bom proveito disso. Os russos faziam saques por todos os cantos. O que podia ser surrupiado – relógios, câmeras ou outros itens interessantes –, eles pegavam. Naturalmente, achávamos aquilo maravilhoso.

Mas só tínhamos interesse em comer. E comemos coisas que não podíamos tolerar. Depois, precisávamos ficar em algum lugar para conseguirmos nos recuperar.

Chegamos à Holanda no início de julho. Sem a ajuda de ninguém – nem mesmo da Cruz Vermelha – e sem qualquer transporte, havíamos atravessado, andando, as ruínas do que no passado fora a Alemanha. Os russos nos mantiveram em Bunzlau por três semanas. Bunzlau era um centro de prisioneiros de guerra ingleses e franceses que, como nós, queriam seguir viagem para o Oeste. Ao final de junho, estávamos em Leipzig com os americanos, que cuidaram muitíssimo bem de nós.

Meu marido e eu tínhamos concordado que, se saíssemos vivos, nos encontraríamos na casa de nosso amigo. Quando cheguei, meu marido já estava lá.

Ele e Otto haviam sido libertados de Auschwitz. Isso aconteceu em janeiro de 1945. As mãos e os pés do meu marido estavam com ulcerações causadas pelo gelo, e ele disse: "Nunca mais voltarei a andar. E, se eles quiserem atirar em mim, podem atirar aqui mesmo." Havia ali um grande grupo, incluindo Otto Frank, que também tinha ficado para trás.

Pelo que ele me contou, a libertação veio de forma muito inesperada. Primeiro, foi convocada uma chamada de todos os que haviam ficado para trás. Eles estavam realmente doentes, com membros ulcerados pelo gelo e outros problemas. Então, metralhadoras foram preparadas. Naquele momento, quando os internos acreditavam que seriam todos fuzilados, os russos entraram no campo com pequenas carroças puxadas a cavalos.

Uma coisa louca! Rapidamente eles estavam livres e os nazistas fugiram ou foram levados presos. Eles invadiram armazéns para conseguir comida; e ficaram mais do que satisfeitos. Havia sapatos, cobertores e roupas em abundância.

Assim como aconteceu conosco, eles receberam alimentos dos russos, mas não tinham muita comida – o principal alimento era pão torrado. E rapidamente receberam medicamentos dos enfermeiros. Também havia médicos. Meu marido tinha os dedos das duas mãos congelados e o médico disse: "Vou remover dois dedos de cada mão". Meu marido ainda tinha juízo e disse: "Não, isso não vai acontecer. Nada será retirado." Posteriormente, ele viria a ter problemas com as mãos, mas passou por alguns tratamentos e, felizmente, conseguiu lidar muito bem com isso.

Quando tinham se recuperado um pouco, um grupo – incluindo meu marido e Otto Frank – partiu. Após vagarem consideravelmente, eles foram parar em Odessa. Ali, um grande navio de transporte estava pronto para levá-los ao Oeste – primeiro, para a França, já que havia muitos prisioneiros franceses entre eles. Meu marido sempre fala sobre a recepção maravilhosa que eles tiveram na França.

Depois, seguiram em direção à Holanda. Primeiro, chegaram à Bélgica, onde a recepção foi um pouco menos empolgante. Por fim, desembarcaram na Holanda, onde tiveram uma recepção insignificante – de um único policial, que disse: "Pessoal, vamos com um grupo a Teteringen. Vou levá-los à casa de um fazendeiro. Vocês vão ficar lá até haver uma forma de chegar aonde quiserem ir, Amsterdã ou algum outro destino." O grupo se separou e cada um seguiu seu caminho.

Nós, as mulheres, ficamos juntas até chegarmos a Maastricht. Dali, alguns caminhões de transporte de legumes nos levaram a Amsterdã, a Berlagebrug. Fui ao endereço onde meu marido e eu havíamos combinado de nos encontrar. Quando toquei a campainha e nosso amigo abriu a porta, ele ficou sem palavras. Sem dizer nada, levou-me até a sala e apontou para meu marido. Chorei pela segunda vez em todo esse período – mas agora de felicidade e gratidão.

Nosso grupinho de mulheres permaneceu unido durante todos esses anos e é assim até hoje. Sem a companhia umas das outras, não teríamos conseguido sair vivas de tudo aquilo.

Ronnie Goldstein-van Cleef

Ronnie é uma mulher memorável e talentosa. Sua narração quase impassível, mas ao mesmo tempo emocionante, causou um grande impacto em mim. Os campos de concentração alemães deixaram sua marca em Ronnie, assim como nas demais mulheres.

Seu espírito criativo a manteve em pé. Seus poemas e desenhos sobre a aflição nos campos de concentração vão além da terapia – Ronnie é artista.

Desde o início da guerra, ela foi ativa na Resistência. Trabalhou como mensageira, viajando de trem de um lado a outro da Holanda. Também procurava esconderijos para pessoas procuradas pelos nazistas e ajudava a providenciar documentos falsos. Ronnie foi presa depois de ter sido denunciada.

Foi no campo de concentração de Westerbork que conheceu a família Frank. Ronnie estava no mesmo transporte final que partiu para Auschwitz em 3 de setembro de 1944. Em Auschwitz, compartilhou muitas experiências com Anne Frank. As duas costumavam ficar juntas durante as contagens e também passaram algum tempo juntas no Krätzeblock, *onde Ronnie cantava para Anne e para outras crianças.*

RONNIE GOLDSTEIN-
-VAN CLEEF

Venho de uma família judia muito liberal de Haia.[5] Embora meu pai fizesse frequentes viagens de negócios à Alemanha, ele nos criou com um forte sentimento antigermânico. Sempre nos alertava sobre o que poderia estar por vir. E, quando os alemães invadiram nosso país, ele disse: "Agora acabou." E logo acrescentou: "Mas eles nunca vão nos pegar".

Naturalmente, fomos parar na Resistência; certas circunstâncias e pedidos de amigos nos forçavam a agir. No início, já mantínhamos uma gráfica para a Resistência escondida no subsolo de nossa casa.

Logo no primeiro dia em que tivemos que usar estrelas, a mãe de um de nossos amigos foi pega na rua. Ela desapareceu durante sua caminhada diária. Como não sabíamos quais poderiam ser os motivos, tiramos da casa dela tudo aquilo que julgamos parecer suspeito para os alemães. E assim seguimos, de uma atividade à outra.

A certa altura, o filho dela e alguns amigos se uniram em uma espécie de esquadrão. Juntei-me a eles como mensageira e me mantive ativa, em especial depois da prisão de meu pai, que temia que algo pudesse me

5 Ronnie Goldstein-van Cleef faleceu em 2008. (N. E.)

acontecer. Ele preferia que eu simplesmente não me envolvesse com nada daquilo.

Depois dos ataques a Amsterdã, meu pai e todos os nossos primos foram a Haia e a família inteira, incluindo todos os primos, mudou-se para uma pensão na R. Van Goenstraat, em um daqueles casarões. Ficamos ali por aproximadamente três meses até acharmos que a situação estava outra vez tranquila. Depois desse período, todos voltaram para suas casas. Apenas alguns foram salvos; os demais acabaram levados. Quando eram convocados, achavam perigoso demais se refugiar nos esconderijos.

Nosso grupo de resistência se reunia em uma loja de material de fotografia na Fahrenheitstraat, em Haia, chamada KIFO, onde uma amiga trabalhava como gerente. Atrás da loja, tínhamos um espaço para reunião, onde fazíamos todo tipo de coisa, como, por exemplo, falsificar documentos. Também organizávamos nossos encontros ali. Avisávamos a todos da existência daquele lugar e assim podíamos saber se alguma coisa havia acontecido a algum de nós. Quando alguém não aparecia na hora combinada, todos desapareciam, porque alguma coisa estava errada.

Automaticamente, buscávamos esconderijos para as pessoas e tentávamos fazer contato com outras que pudessem oferecer cartões de racionamento ou certificados de registro. Mais tarde, entrei em contato com um funcionário público no escritório de registros de residentes. Ele me entregava carteiras de identidade da prefeitura e fotos de passaportes do arquivo municipal. Assim, podíamos falsificar documentos e obter papéis do serviço de controle de crise. Esses papéis tinham um selo oficial, o qual usávamos para legitimar as pessoas nos esconderijos.

Acabei no Nieuwe Nieuwstraat, em Amsterdã, com tia Dora, que abrigava vários *onderduikers* em sua casa. Ela tinha um esconderijo maravilhoso, um apartamento condenado que servia de abrigo para catorze *onderduikers.*

Conheci Ans van Dijk ali. Ela quase destruiu tudo. Eu deveria levar um garoto a Twente. Tia Dora conhecia Ans van Dijk desde a infância e a considerava totalmente confiável. Ans van Dijk perguntou se eu poderia levar uma garota comigo. Entregou-me a foto da menina e eu consegui uma carteira de identidade para ela. Mais tarde, Ans falou: "Se estiver na Estação Central em tal horário com o menino, estarei lá com a garota. Aí você poderá levar os dois." Concordamos em fazer isso. Na Estação Central, pedi para o garoto segurar minha bolsa porque eu queria comprar passagens na bilheteria. Dei meia-volta e percebi que ele estava sendo preso. Então, com apenas o troco na mão, corri para fora da estação o mais rápido que pude, pulei num bonde e voltei para a casa de tia Dora, onde me entreguei às lágrimas. Eu estava em choque, totalmente em choque. Aí falei: "Essa Ans van Dijk não vale nada. Ela não vale nada!". E mais adiante isso se provaria verdadeiro. Depois da guerra, ela foi condenada à morte e executada pelo governo holandês.

Enquanto isso, meus pais foram para Almelo. Meu pai certa vez conhecera uma enfermeira no trem e, quando a conversa voltou-se para a clandestinidade, ela disse: "Vivo em um castelo e temos quartos suficientes. Venha ficar conosco." E meus pais foram. Também passei algum tempo em Almelo, embora a situação não parecesse tão confiável quanto pensávamos que seria. A ocupante do castelo o tinha alugado de um administrador que trabalhava na Resistência.

O inquilino não se mostrou ser de confiança. Houve uma busca no castelo em 3 de março de 1943, enquanto minha mãe estava fora, fazendo uma visita a algum lugar. Meu pai tinha me pedido para ir com ele de bicicleta a Tubbergen. Respondi: "Não, não vou sair. Vá sozinho." Foi a última vez que vi meu pai. Vários horas depois, ele foi preso. A busca no castelo e também a prisão de meu pai pareceram ser fruto de uma traição do inquilino.

Meu pai queria ir ao doutor Schaepmanshuis, em Tubbergen – que também é um pequeno castelo e agora funciona como convento e casa de repouso para idosos – para perguntar se eles aceitariam alguns *onderduikers* ali, afinal, entendíamos que as pessoas em nosso castelo teriam que sair. Durante minha estadia em Almelo, conheci Willem Mondriaan, líder de um grupo de resistência. Viajei a pedido dele, levando pessoas de Haia ou Amsterdã para Zwolle ou Almelo, e dali tio Wellem as levava para mais longe. Eu sempre passava com tranquilidade pela verificação nos trens. Tinha documentos bons.

Tudo correu bem até meados de 1944. Nosso trabalho consistia, em grande parte, em ajudar os *onderduikers* a encontrar um lugar para ficar, cuidar deles, garantir que recebessem carteiras de identidade, cartões de racionamento e certificados de registro – em suma, todos os documentos de que precisassem. Quando novos cartões de registro ou selos eram emitidos, nós os providenciávamos. Também trazíamos cartões de racionamento extra depois dos ataques. Tínhamos um número inacreditavelmente grande de cartões de racionamento naquela época e os distribuíamos para que os *onderduikers* conseguissem receber alimentos extras e, assim, ficassem bem nutridos. Quase todas as pessoas que levei para o esconderijo sobreviveram. Ainda é muito gratificante me lembrar disso.

Havia dezenas deles. Não sei o número exato, mas eram muitos. Às vezes, eu ficava muito tempo ocupada levando *onderduikers* – rapazes que teriam de ir como trabalhadores à Alemanha, mas não queriam – de Almelo a Haia ou Amsterdã, onde eles recebiam mais assistência.

Eu conseguia circular livremente. As pessoas achavam que eu não tinha aparência de judia. Tinha cabelos loiros-claros e ia para todos os lugares. Eu tinha medo, mas também carregava minha determinação e coragem. Não sei ao certo... Eu não pensava sobre as coisas. Elas tinham de ser feitas e eu as fazia, mesmo quando a situação era muito precária, como com uma idosa que não entendia a situação e simplesmente continuava falando. Eu a levei até minha mãe, que vivia próximo à estação, em Haia. Não me atrevi a sair na rua durante o dia com aquela mulher, que era bem conhecida por ter muitos negócios. Certa manhã, muito cedo, quando ainda estava escuro, peguei-a na casa da minha mãe e a levei de trem a Wierden, perto de Almelo. Quando chegamos, tio Willem disse: "Santo Deus, eu não teria coragem de fazer isso." Porque aquela mulher tinha uma aparência judia bem marcada. Ela sobreviveu à guerra e continuou viva por muitos anos.

✡

Em junho de 1944, fui denunciada.

Na época eu não sabia, mas, desde maio, vinha sendo seguida pela SD. Eu vivia em um quarto em Haia, na Acaciastraat, uma travessa secundária da Laan van Meerdervoort. Certa manhã, encontrei uma garota que tinha frequentado a escola comigo. Ela não tinha casaco, estava tremendo de frio e alguns de seus dentes tinham sido arrancados. Era um estado de dar pena. Ela gritou meu nome. Era perto da última parada da Número 12, a linha de bonde. Eu não a tinha visto durante anos e fiquei realmente assustada.

Ela disse: "Você pode me ajudar? Fizeram uma busca em nossa casa, mas eu consegui escapar. Não tenho para onde ir, não tenho documentos, nada." Respondi: "Claro, vou ajudá-la. Vamos nos encontrar amanhã à noite, quando estiver escuro, e aí levarei um documento de identidade para você."

Ela não tinha mais certificado de registro. Então, fui até a KIFO, a loja na Fahrenheitstraat, e minha amiga, a gerente, que também trabalhava como mensageira para o nosso grupo, disse: "Não estou com uma boa impressão. Isso não me parece nada bom." Mas respondi: "Conheço muito bem essa jovem, eu costumava ir à casa dela. Fazíamos o caminho até a escola de bicicleta porque morávamos perto uma da outra."

Eu realmente não via maldade alguma naquela garota. Mais tarde naquela noite, nós a levamos à casa de uma amiga. Falei para ela: "Amanhã, providenciarei um lugar para você em Twente." Porém, ela não aceitou, não queria deixar o noivo em apuros em Haia. Preferia simplesmente continuar ali. Costumava tomar uma xícara de café *ersatz* no Lensvelt Nicolaas, na Laan van Meerdervoort. Chegamos a nos encontrar lá uma vez. Havia uma parede de espelho e ela, de repente, disse: "Ah, aí vem Kaptein." Era um oficial da SD, um oficial muito conhecido. Eu o conhecia de nome, mas nunca o tinha visto. Era mesmo ele e, na ocasião, ela me apontou para ele. O Kaptein passou a me seguir depois daquilo.

Em junho, fui a Amsterdã, onde deveria pegar carteiras de identidade em branco. Senti-me confortável porque, naquela ocasião, não tinha nada incriminador em meus bolsos. O trem estava lotado, então fiquei na plataforma com muitas outras pessoas. E, quando começaram a dizer que estavam verificando os passageiros no trem, cheguei a pensar: "Posso ficar tranquila". Eles vieram até a beirada da plataforma. Eram dois, e olharam em volta. Um falou: "Sim, veja, ali está ela." Olhei em volta para ver se estavam falando de alguém atrás de mim, e fiquei muito assustada. Depois, tive que ir com eles a outra cabine, onde ficou evidente que sabiam tudo a meu respeito. Então eu disse: "Não sei do que vocês estão falando". Mas eu estava muito, muitíssimo amedrontada.

Eles me levaram para Amsterdã, até a Euterpestraat, onde fui interrogada. A certa altura, tive um momento de lucidez: "Não sei o que vocês querem. Sou judia e estou em busca de um abrigo porque não tenho mais onde ficar. Estou atrás de um lugar para ficar." Daí, eles perguntaram sobre meus pais, e eu disse que haviam sido levados há muito tempo, no começo de tudo. O que não era verdade. Nessa época, meu pai já havia sido preso mas, felizmente, minha mãe não.

E então entendi que eu havia sido traída e denunciada pela menina que ia comigo para a escola. Mais tarde, quando estava em Westerbork, encontrei muitos conhecidos dos tempos de colégio. Conversamos sobre o assunto e, quando comparávamos as circunstâncias envolvendo nossas prisões, o nome dela surgia em todos os relatos. Depois da guerra, Kaptein foi preso e ficou comprovado que a havia forçado a fazer aquilo.

Ele a protegia e ela foi libertada depois de passar alguns meses na prisão. Não acho que merecesse tamanha leniência.

Depois da guerra, Kaptein foi condenado à morte e executado porque tinha um histórico enorme de crimes. Na época, eu não sabia que ele também havia tratado meu pai muito mal. O oficial de investigação lhe perguntou: "E também havia um senhor van Cleef, de Haia?"

"Ah, eu o espanquei", respondeu Kaptein. Ele tinha uma memória de ferro, aquele homem.

E, quando disseram: "Sim, ele também tinha uma filha", ele respondeu: "Sim, ela também foi levada."

Então o investigador me chamou. Kaptein ficou assustadíssimo quando eu falei: "E você cometeu um erro."

Bem, pude depor contra ele e contra o homem que se apresentara como investigador, Van der Ouderaa, que havia sido responsável por desmantelar nosso grupo em Haia.

Fui levada da Euterpestraat para a prisão Huis van Bewaring, em Weteringschans, onde fiquei em uma cela com outras mulheres. No fim, havia quarenta mulheres ali. Todos os dias, outras chegavam. Fizemos amizade porque queríamos ajudar umas às outras.

Quando chegavam ali, as pessoas reagiam de diferentes formas – algumas ficavam desnorteadas; outras, aliviadas. "Ei, fico contente por aquilo ter acabado." Viver no esconderijo trazia, naturalmente, um desgaste e uma tensão enormes. Lembro-me de ter dormido muito profundamente na primeira noite, porque um enorme peso havia sido tirado dos meus ombros. Entretanto, depois você era perseguida pelos pensamentos do que podia acontecer. E tentava pensar em formas de escapar. Mas elas não existiam.

Havia homens na cela ao nosso lado. Pedimos aos guardas para nos deixar remendar algumas das meias deles. Tivemos permissão e passamos a usar essas meias para transmitir informações. Meu aniversário foi na mesma época do de outra pessoa, e mensagens foram enviadas aos homens pelas meias. Eles escreviam poemas e eu enrolei um cigarro bem grosso com os papéis. Fiquei muito feliz com aquilo porque, naquela época, eu fumava muito. E recebi uma enorme fatia de pão com manteiga no meu aniversário. Sim, uma loucura. Aí você percebia como as circunstâncias eram, mesmo, estranhas. A sensação era algo como: "Bem, isso não pode durar muito. Logo estarei fora daqui". Mas tudo aquilo era, naturalmente, surreal.

Depois de mais ou menos dez dias, todos tivemos que deixar as celas. Fomos levados a Westerbork. Na frente da entrada da prisão, havia alguns bondes. Tínhamos escrito cartas às nossas famílias e amigos para avisar que havíamos sido pegos. Perguntamos ao condutor do bonde se ele poderia enviar aquelas cartas para nós.

"Sim", respondeu. "Tudo bem, apenas deixem as correspondências aqui na rede de bagagem e eu as levarei daqui a pouco." A SS ou a SD cercou o vagão ainda parado e o condutor lhes entregou as cartas. Era um pacote, um monte inteiro de cartas.

Nunca fiquei tão furiosa. Fiquei nervosa mesmo. E pensei: "Mas que maldito filho da mãe". Ele simplesmente entregou nossas cartas aos alemães, com os endereços que havíamos escrito nos envelopes. Tínhamos confiado naquele homem, confiado que ele levaria as cartas às escondidas, mas ele não o fez. Porém, depois, descobri que, felizmente, nada terrível havia acontecido. Aparentemente eles apenas destruíram as cartas.

E então fomos de trem a Westerbork. E lá estávamos nós, sentados, ligeiramente animados porque não sabíamos nada do que estava acontecendo. Por um lado, tristes, obviamente, mas por outro, não sabíamos o que eles fariam conosco. De fato, não sabíamos de nada.

Em uma sala em Westerbork, um a um, tivemos de dizer de onde vínhamos, quem éramos, se ainda tínhamos algum dinheiro ou alguma joia, se havíamos passado por algum esconderijo, e assim por diante. Se meus pais ainda estavam vivos. Minha mãe, nessa época, estava bem, mas eu disse: “Não, meus pais desapareceram há muito tempo.” Tudo era anotado. E aí você ia a um lugar em que tiravam suas roupas e lhe davam uma espécie de avental e um par de sapatos de madeira. Pensei que nunca conseguiria andar com aquilo nos pés, mas não eram tão ruins.

Depois seguimos para os galpões de punição. Na época em que estivemos ali, no verão de 1944, Westerbork era – exagerando um pouco, obviamente – uma espécie de colônia de férias. Ficávamos bem ali, mas antes, com um transporte chegando a cada semana, quando havia milhares de pessoas ali, deve ter sido horrível. Porém, durante todo o tempo que passamos naquele lugar, os transportes não saíram. Cheguei no início de julho; em setembro, o transporte saiu.

E, durante todo esse período, o tempo estava bom, e nós trabalhávamos. Eu trabalhava nas baterias. Tínhamos bons alimentos e podíamos receber pacotes. Recebíamos frango, achocolatado e farinha de aveia – bons alimentos. E recebíamos escovas de dente. Havia uma lojinha no campo *vrije* e de vez em quando eles nos deixavam pegar alguma coisa de lá. Tínhamos o dinheiro do campo. É claro que a moeda não servia para nada fora dali, mas podíamos usá-la para comprar nossas coisas. E podíamos nos alimentar bem.

Encontrei Roger Goldenberg e Frits Heilbron no campo. Eles eram parte do nosso grupo em Haia. Haviam sido presos em maio, denunciados por Van der Ouderaa, assim como nosso inesquecível Kurt Reimer, que foi pego em 3 de setembro de 1943. Van der Ouderaa, que trabalhava para a SD, era chamado de G. L. Depois da guerra, foi condenado a dezessete anos de prisão por traição e colaboração. Eu conhecia Roger e Frits há muito tempo, então cuidávamos uns dos outros. Havia uma camaradagem enorme e, quando alguém recebia um pacote de comida, dividíamos com o grupo, assim ninguém passava fome.

Em Westerbork, vi muitas vezes a família Frank. Achei notável o fato de toda a família ter ido junta para o esconderijo. Sempre tomávamos o cuidado de levar as crianças para lugares diferentes e de separar os casais. Às vezes, marido e esposa se reencontravam mais tarde, mas nunca a família toda. O risco era grande demais. Quando um deles era denunciado, toda a família estava em risco.

Os Frank estavam muito deprimidos. Tinham a sensação de que nada poderia lhes acontecer. Eram muito próximos uns dos outros. Sempre andavam juntos. Não tive muito contato com eles, mas trocávamos cumprimentos.

Os transportes chegavam regularmente de Amsterdã e íamos ver quem tinha vindo – para saber se havia algum conhecido ou parente entre eles. Felizmente, na maioria das vezes, não encontrávamos ninguém. Mas, se avistasse algum conhecido, dizíamos com pesar: "Que horrível te ver aqui".

Assim que surgiam rumores sobre os transportes, todos ficavam, é claro, terrivelmente ansiosos. Afinal, já tínhamos ouvido sobre a queda de Paris e, com base nisso, pensávamos: "Agora não falta mais nada para nos acontecer, afinal, eles não poderiam nos levar muito longe". Era uma espécie de sentimento reconfortante a ideia de que ficaríamos ali. Porém, é claro, não seria assim.

Certa noite, alguém chegou aos galpões da polícia do campo com um alemão ou um homem da SS para chamar nossos nomes. Ficamos terrivelmente tensos, com um peso no estômago, enquanto ouvíamos para saber se estaríamos incluídos. Se seu nome figurasse na lista, você de repente se via sem saber o que fazer. Experimentava uma sensação de deslocamento e todos o consolavam: "Não, não vai ser nada". Depois, algumas pessoas diziam: "Auschwitz, não, não é possível! Talvez Bergen-Belsen". Afinal, Bergen-Belsen não estava muito distante, pensávamos. Para ser sincera, não tínhamos a menor ideia do que estaria por vir.

A família Frank foi conosco naquele transporte. Você ficava em um vagão, apertada em um vagão de gado, e tentava, o máximo possível, manter as pessoas à sua volta por perto para que uma pudesse dar apoio à outra. Na maior parte do tempo, essa estratégia funcionava. Também havia muitas pessoas idosas e doentes, que eram levadas para dentro do vagão em uma espécie de carriola com rodas enormes. Eu realmente não entendia o que estavam fazendo com aquelas pessoas; afinal, todos nós estávamos indo a algum lugar para trabalhar. E aí pensei: "Esses pobrezinhos, esses idosos, eles não conseguem fazer mais nada". E havia grupos de crianças sem seus pais – que estavam ou presos, ou nos esconderijos. Esse grupo também foi para dentro dos vagões. Isso era o que mais me chateava. Também em Weteringschans, criancinhas, de três ou quatro anos, costumavam ser levadas para lá. Oferecíamos a elas uma enorme quantidade de cuidados e atenção, mas elas foram conosco para Westerbork e, no fim, todas acabaram também sendo levadas a Auschwitz.

Jamais pensamos que iríamos parar lá. Para ser sincera, não entendíamos como funcionava Auschwitz. E preferíamos não acreditar no que sabíamos. De vez em quando, chegava um cartão postal de Buchenwald ou de Mauthausen, e aí pensávamos: "Sim, as pessoas têm que trabalhar muito pesado, mas ainda recebemos um sinal de vida vindo delas". Porém, isso não significava nada – aqueles eram campos de extermínio. E não entendíamos aquilo. Auschwitz seria tão difícil quanto imaginávamos e o trabalho seria muito duro. Mas estávamos preparados. Mesmo assim, pensar que, para além disso, as pessoas eram assassinadas... Eu não esperava algo assim. Depois, olhando para toda a situação, e mesmo naquela época, eu não conseguia acreditar que tudo aquilo fosse verdade. Simplesmente não dava para acreditar. Além disso, por autoproteção, coloquei uma venda e me desliguei de tudo. Não queria viver aquilo, não queria ter aquela experiência. Tenho, de fato, uma vontade fortíssima de viver, então pensei: "Vou sobreviver". Disse isso naquela época, o que, naturalmente, soava muito arrogante. Porque era impossível saber se sairíamos com vida.

✡

Partimos no último transporte de Westerbork. Estávamos cientes de que aquele seria o último. Afinal, pensamos que a guerra logo chegaria ao fim, uma vez que os Aliados já haviam alcançado Paris. Tínhamos ouvido isso, em segredo, de um policial militar que fazia a guarda de Westerbork. De vez em quando, conversávamos com ele. Havia algumas pessoas boas entre os policiais e de vez em quando elas nos contavam algo. Então, pensamos que a coisa nunca chegaria tão longe, que não poderia durar muito mais. Contudo, infelizmente, não foi bem assim.

Os vagões ficavam muito bem trancados, mas era possível ver os trilhos pelo chão. Em um vagão próximo ao nosso, e acho que também no nosso, algumas pessoas levaram um serrote e outros materiais para tentar escapar. Não consigo lembrar muito bem como aconteceu em nosso compartimento. Eles tentaram, mas outros gritaram para não fazerem aquilo. E eles pararam. Mas quatro pessoas escaparam no vagão atrás do nosso. Um deles perdeu um braço. Uma mulher e alguns outros conseguiram fugir. Eles caíram nos trilhos, ficaram deitados ali e depois correram em direção aos campos, muito embora alguns homens da SS viajassem em cima do trem. Aparentemente, esses oficiais não conseguiram avistar os fugitivos.

A família Frank não estava em meu vagão. Era um trem muito, muito longo. No caminho, tentávamos olhar por entre as ripas de madeira para descobrir onde estávamos. A certa altura, alguém disse que naquele momento passávamos por Katowice, na Polônia. Logo depois ele disse: "Então estamos a caminho de Auschwitz." Isso nos deu um susto enorme, pois aquele nome era muito ameaçador.

Paramos em uma plataforma sem qualquer proteção. Os vagões foram violentamente abertos por homens usando ternos listrados. Nossa bagagem, a maior parte composta por mochilas com roupas e alguns outros itens, teve de ficar para trás. Disseram-nos que as receberíamos de volta mais tarde. Eles tiraram nossa bagagem do transporte e nunca mais voltamos a vê-la.

Tudo na chegada a Auschwitz era muito surreal, muito fora da realidade. Dava a impressão de ser um filme de ficção científica. Eu só conseguia olhar para aquilo e me perguntar o que significava. Simplesmente não conseguia compreender. Eu olhava para as pessoas, que andavam em círculos como se estivessem em uma pista de patinação, com aquelas luzes amarelas terríveis lá em cima. Falei a uma amiga que estava parada ao meu lado: "O que essas pessoas estão fazendo aqui?".

Era noite. Estava escuro.

Ela disse: "Ah, sim. Elas estão correndo bastante."

"Não, não estão correndo. Estão andando de patins", respondi.

Porém, eram pessoas correndo bastante. Como castigo, elas tinham de correr em volta do espaço onde acontecia a chamada. Até hoje faço essa associação quando vou à Olympiaplein, onde existe uma pista de patinação e o mesmo tipo de luz. E aí fico muito triste: "Ah, Deus, lá vão eles outra vez com esses patins". Essa tristeza brota dentro de mim há muito tempo.

E aí veio a seleção, algo que simplesmente não entendíamos. Na verdade, ainda bem que não entendíamos. Mengele estava lá e apontava... Não dizia nada. Apenas apontava: para a direita, nós, os jovens e, aos olhos deles, os mais saudáveis. Os outros, os mais velhos e as crianças, iam para a esquerda. Não sabíamos o que estava acontecendo, então pensei: "Daqui a pouco voltaremos a vê-los". Enquanto eu andava pela plataforma, na direção de Mengele, consegui falar por um instante com minha tia. E disse ao pessoal do meu grupo: "Temos que ficar juntos." Uma tia e um tio meus, que já eram mais velhos, estavam ali, além de uma prima com o filho de três anos nos braços. Eu nunca mais voltaria a vê-los.

Enquanto estávamos parados ali, em grupos separados, homens e mulheres juntos, meu tio se aproximou de mim e disse: "Você sabe onde está Suze?"

"Acabei de vê-la, mas não consigo avistá-la agora. Vou perguntar a um dos homens de terno listrado."

Eram holandeses que já estavam ali havia muito tempo. Perguntei a um deles e recebi como resposta: "Eles já estão mortos". Como se fosse a coisa mais natural do mundo!

Então rebati: "É impossível. Acabei de vê-la." Eu não estava entendendo a situação. E pensei: "Que homem mais estranho!" Afinal, ele também me perguntou: "Você tem alguma joia?". Respondi que não.

Isso foi algo que me incomodou. No caminho para Auschwitz, a certa altura, o trem parou, as portas se abriram e os homens da SS entraram e nos perguntaram se ainda estávamos usando alguma joia. Eu ainda tinha um pequeno anel que havia ganhado da minha irmã e o relógio do meu pai, e levava comigo uma caneta-tinteiro que havia sido do meu pai. Disse a mim mesma: "Eles não vão ficar com esses itens". Mesmo assim, tiraram o anel do meu dedo e tive que entregar o relógio. Chorei muito por causa daquilo. Aquelas coisas eram como laços da minha família. Mas joguei a caneta fora através de uma abertura que existia no vagão. Muito infantil, talvez, mas achei que os nazistas não tinham o direito de ficar com minhas coisas. A maioria das pessoas que ainda carregavam alguma coisa teve de entregá-las. Por isso chegamos a Auschwitz sem nada que pudéssemos entregar.

Mais tarde, ficamos com nossos amigos e recebemos ordens para tirar as roupas. Eu era muito pudica, então não fiquei nada feliz com a ideia de me despir. Acabamos recebendo nossas roupas de volta quando deixamos Westerbork. Mas, naquela hora, tivemos de nos despir. E, toda vez que eles gritavam, minha amiga Frieda Brommet, que permanecia ao meu lado, dizia: "Tire alguma peça agora. Esses cavalos, eles vão bater em você". Então tirei a blusa e a saia. Por fim, fiquei só com uma camisola e a calcinha.

Como muitas mulheres ali, eu estava menstruada. Pensei – mesmo que pareça loucura – em ficar de calcinha. Mas um nazista se aproximou e disse: "*Die Hose nach unten*" (Tire essa calcinha). Respondi: "Não!". Ele me golpeou na cabeça, e então tive de tirá-la. Eu usava uma espécie de cinto com forro absorvente, então ele voltou para perto de mim e arrancou o cinto. Aí pensei: "Isso é o fim". Achei aquela situação extremamente constrangedora, mas percebi que aquele homem estava fazendo a mesma coisa com outras mulheres. Bem, não consigo descrever o quanto fiquei abalada.

Em seguida, vieram as presas polonesas que tatuavam os números em nossos braços. Algumas faziam o serviço muito bem, mas outras acabavam fazendo uma bagunça enorme e um novo número tinha de ser tatuado sobre o antigo, resultando em um braço inflamado e inchado.

Ficávamos ali, completamente nuas. Ainda lembro que os homens ficavam de costas para nós, pois também tiveram de se despir e achavam aquilo um espetáculo horrível. Eles foram levados para outro lugar no prédio, uma espécie de torre com muitas janelas pequenas.

Depois disso, fomos para os chuveiros. Tínhamos de andar uma atrás da outra, completamente nuas e primeiro fomos obrigadas a mergulhar os pés em uma água violeta para serem desinfetados. As ações eram sempre inconsistentes. Depois, fomos levadas a uma grande área, onde havia chuveiros por todo lado – um ao lado do outro e um atrás do outro. Não tínhamos a menor ideia do que tinha acontecido ali com outras pessoas, então simplesmente entramos, sem desconfiar de nada, debaixo daqueles chuveiros. Felizmente o que saiu foi água, e assim pudemos nos lavar.

Então, de repente, um alemão, um homem da SS que tinha uma perna de pau, chegou – nunca vou esquecer isso. Ele tinha um pedaço de madeira abaixo do joelho. Aquele homem só podia ter problemas mentais. Ele pegou uma enorme mangueira e começou a jogar um jato de água em nossa direção. E se divertiu muito fazendo aquilo. A força da água era tamanha que não sabíamos para onde virar. E gritávamos: "Ei, vá embora!". Afinal, pensamos: "O que pode acontecer agora?". Aquele homem realmente se divertiu fazendo aquilo, até que por fim parou. Ficamos completamente ensopadas e não tínhamos nada com que nos secar. Havia algumas cortinas penduradas e as usamos para nos secar o máximo que conseguimos.

Depois, nuas, fomos para o lado de fora, ao ar livre. Era setembro e o tempo não estava mais tão bom. Estava fresco. Acho que eles jogaram algumas roupas para nós ali – um vestido ou algo assim. Não recebemos calças. Depois, fomos para os galpões. Em Birkenau.

Nos galpões, os beliches, um em cima do outro, ficavam enfileirados. Eram como berços, mas muito grandes. Sete ou oito mulheres tinham que caber em cada um. Chamávamos aquilo de "ficar enfileiradas como colheres". Todas tinham que se virar para o lado ao mesmo tempo. Não podíamos nos deitar na posição que quiséssemos.

Na primeira noite, uma mulher saiu do galpão. Ela foi fuzilada. Aquela mulher, terrivelmente ferida, passou toda a noite ali, deitada, gemendo em agonia. Não sabíamos o que fazer – sair ou não – mas as outras gritaram: "Não, vocês têm que ficar na cama. Não é permitido sair." A mulher ficou deitada, morrendo de uma forma horrível. Então eu me dei conta. Sim, eles realmente fuzilavam pessoas naquele lugar. No início da manhã, ela morreu, deitada na frente do galpão, e vimos aquilo. Daquele momento em diante, eu tinha certeza de que, de cima das torres, eles atiravam nas pessoas.

Acima de tudo, à noite, quando você precisava ir ao banheiro – "banheiro" é uma palavra delicada demais – e precisava atravessar a *Lagerstrasse* (a rua do campo), estava arriscando sua vida. Às vezes, os nazistas viam internas por ali e atiravam. Às vezes, nada acontecia. Mas era muito perigoso.

Ficávamos em galpões enormes, com uma espécie de entrada onde mantínhamos os potes e panelas. Quando precisávamos nos preparar para a chamada, logo no início da manhã, pegávamos uma panela e eles traziam uma espécie de latão de leite com o que chamavam de café. Na realidade, era uma bebida nojenta. Você podia colocar um pouco em um copo e beber. Mas mais ou menos cinco pessoas tinham que beber do mesmo copo. Então chegamos a um acordo: três goles por pessoa. E aí cada uma bebia três goles. Ficávamos ali, olhando umas para as outras, para ter certeza de que ninguém tomaria quatro goles. Se sobrasse o suficiente, cada uma podia tomar mais um gole. Daí, passávamos o copo mais uma vez, até a bebida terminar.

Até hoje conto os goles das bebidas, e meu marido diz: "Meu Deus! Você ainda conta!". Sim, mas não faço conscientemente; ainda é muito estranho.

Anne Frank e eu com frequência ficávamos no mesmo grupo e passávamos o copo uma para a outra.

Também acontecia de algumas prisioneiras, no meio da noite, sentirem uma necessidade terrível de ir ao banheiro, mas não se atreverem a sair. E, por Deus, usavam aquelas panelas. Depois lavávamos os recipientes da melhor forma que conseguíamos. Logo que chegamos, fomos avisadas: "Lembrem-se de não beber água porque é perigoso. Vocês podem pegar tifo". Com isso, também evitávamos beber. Bebíamos ou enxaguávamos a boca com o mínimo de água necessário. Havia muitos ratos e coisas assim. Quando podíamos pegar café ou chá ou o que tivesse naquele latão, usávamos para enxaguar a boca, porque não podíamos escovar os dentes nem nada assim.

Os banheiros eram, na verdade, enormes contêineres sobre os quais uma tábua com buracos era colocada. Você tinha que se sentar ali, com o corpo um pouco erguido. As húngaras tinham o hábito de subir na tábua e agachar em cima, algo que nós, holandesas, nunca conseguimos fazer. Elas até se sentavam ali enquanto comiam seu pão. Eu pensava: "Não, não pode ser". Aquelas mulheres estavam tão desmoralizadas e desumanizadas que simplesmente não se importavam mais. Sempre tentei me distanciar disso. Não sabia lidar com a situação. Era aterrorizante.

Tudo era muito anti-higiênico. No início, sempre me perguntava como não adoecíamos. Porém, depois de quinze dias, tive febre escarlatina.

Algumas pessoas já se sentiam tão desesperadas que corriam na direção da cerca elétrica para encontrar a morte. Seus corpos ficavam ali, caídos, como um exemplo para nós, para que não tocássemos na cerca.

Pouco a pouco, você começava a entender e surgiam rumores de pessoas que não haviam retornado – os mais velhos e as mães com filhos pequenos –, que tinham ido para a câmara de gás. Mais tarde, perguntei a um Kapo – não a um daqueles homens de terno com listras; nem todos eram Kapos: "Ouvi dizer que as pessoas que não voltamos a ver desde que chegamos aqui morreram imediatamente. Como isso é possível? O que aconteceu?". Porque eu não conseguia acreditar.

E então ele calmamente me explicou que aquelas pessoas tinham ido ao crematório, que haviam se tornado vítimas do gás porque não serviam para trabalhar; que nós estávamos passando por uma quarentena porque eles queriam nos manter o mais fortes possível. A gente não queria acreditar que aquilo estava acontecendo, mas tinha que acreditar. Era tão estranho... Você se sentia arremessada de um lado para o outro.

Desliguei-me de tudo. Quando tinha que levar pedras de um lado para o outro, atravessando distâncias terríveis, consegui dizer a Frieda, que andava ao meu lado: "Sabe, realmente gostei do concerto. Ouvi um concerto maravilhoso". Ela perguntou: "Do que você está falando?". Eu estava longe. Minha mente não estava concentrada nas pedras; eu não as sentia, por mais pesadas que fossem. Tive que me desligar completamente e suprimir toda a realidade. Mais tarde, um psiquiatra me falou: "Você teve uma supressão da sua consciência". Fiz muitas coisas estranhas sem nem me dar conta, algumas um tanto perigosas. Mas eu não pensava no que estava fazendo.

Um exemplo disso foi o que aconteceu na seleção. Eu tinha acabado de sair do *Krätzeblock* do hospital depois de ter a febre escarlatina, porque a médica, Julika, dissera: "Se estiver se sentindo bem agora" – e eu havia estado ali já há mais de seis semanas – "então eu a aconselharia a deixar o hospital". Eu o deixei. Fui até o lado de fora, na chuva.

Imediatamente segui na direção dos chuveiros e eles jogaram água em mim. Pensei que não podia suportar mais, afinal, eu estava tão fraca e não tinha roupas para vestir. Depois, fui levada ao grupo de holandesas que havia estado comigo no transporte, as holandesas que já estavam em outro galpão. Havia ali algumas mulheres e meninas holandesas que eu conhecia. Elas me viram chegando, completamente nua. Bloeme Emden se aproximou. Usava uma jaqueta masculina – era bege, ainda lembro. Ela tirou a jaqueta e a colocou em mim. Aquilo foi uma bênção. Depois elas disseram: "Ei, pessoal, reúnam alguns pedaços de pão porque ela precisa de uma calça." A jaqueta ia até abaixo da minha cintura. E então elas arrumaram o pão e, com ele, trouxeram uma calça para mim. Aquilo me deixou muito, muito emocionada.

Depois, veio mais uma seleção. Tínhamos uma médica holandesa conosco, a doutora Knorringa, que me observou muito de perto. Ela se aproximou e disse: "Acho que você não vai passar pela seleção. Sua aparência está péssima!". Sim, minha aparência ainda estava horrível. Durante todo aquele tempo, eu naturalmente havia ficado muito fraca, além de carregar uma ferida horrível no ombro – havia uma parte bastante afundada ali.

Então a doutora Knorringa sugeriu: "Cubra os ombros." Afinal, eu teria que passar por Mengele com os braços erguidos. Ele puxava uma para o lado, para fora da fila, e a outra podia seguir em frente. A doutora Knorringa se aproximou e disse: "Não sei. Tente escapar da seleção, porque acho que você não tem chance. É muito arriscado. Sua aparência não está nada boa".

Havia uma pequena parede, mais ou menos com as dimensões de uma mesa, e os *Aufseherinnen* andavam por ali e chicoteavam qualquer um que se aproximasse dela. Na verdade, consegui ficar ali perto, parada, olhando, e de repente passei para o outro lado – rápida como um raio. Acho que não me viram passar. Do outro lado, havia uma pessoa sentada à mesa, e ela marcava o seu número se você fosse enviada ao transporte.

Lembro que disse, com uma coragem enorme: “Simples assim, passei pelo teste”. Eu não tinha passado pela seleção e provavelmente jamais passaria. Mas fazer algo daquele tipo, tão espontâneo... Em um impulso, consegui sair ilesa. Foi uma loucura completa – “feche os olhos e pule” – ter passado para o outro lado da parede.

Já contei que tínhamos que participar das contagens bem cedo e que dividíamos aquela água escura que eles chamavam de café...

Anne, com frequência, ficava ao meu lado e Margot sempre por perto, ao lado ou na frente da irmã, dependendo de como nos organizávamos – porque tínhamos que ficar em fileiras de cinco. Anne era muito calma e quieta, um tanto reservada. O fato de elas terem ido parar ali a afetou profundamente, isso era óbvio.

Mas, enfim, aquela água escura era o nosso café da manhã. Ficávamos ali durante horas. Não podíamos conversar umas com as outras. De vez em quando, falávamos discretamente alguma coisa para as outras, o que era muito arriscado.

Também, de tempos em tempos, tínhamos que voltar àquelas salas enormes onde nossos cabelos eram cortados e éramos depiladas. Algumas mulheres conseguiam escapar. Nas contagens, a SS chegava com seus cachorros e tínhamos que erguer a saia, para que vissem quem tinha e quem não tinha sido depilada. Aquelas que não estivessem depiladas eram puxadas de lado e terrivelmente espancadas. Da próxima vez, elas não tentavam fugir. Era muito desagradável.

No início, não sabíamos qual era o papel de Mengele; não o conhecíamos. No primeiro galpão ao qual fomos, havia também algumas húngaras. Elas eram muito mais experientes do que nós. E anunciaram a chegada de Mengele: “Aí vem o anjo da morte.” Ele era chamado assim. Nós pensamos: “Ah, essas mulheres são um tanto exageradas; não vai ser nada especial”. Porém, de fato, Mengele visitava regularmente e, toda vez, selecionava algumas mulheres para uma coisa ou outra – para experimentos ou, sim, para as câmaras de gás. Na época, ainda não tínhamos percebido, mas, quando eu estava no galpão com febre escarlatina, eu o via muito mais do que gostaria. Daí, me dei conta de que tipo de homem ele realmente era, percebi que as húngaras estavam certas.

Ali havia uma criança polonesa, uma menina de mais ou menos oito anos, que provavelmente tinha passado toda a vida em guetos e campos. Seus pais já tinham sido mortos; sentíamos pena dela. Ela disse: "Tenho certeza de que vou para o 'crema' porque não posso fazer nada para evitar." *Crema*, era assim que chamávamos o crematório. Era uma criança muito sábia.

"Não, nós vamos fazer de tudo para salvá-la", dizíamos.

E as mulheres que trabalhavam como enfermeiras nos barracões, cuidando dos doentes – em geral, mulheres polonesas extremamente duronas – reuniam as joias que conseguiam encontrar, pedras perdidas e outras coisas que as pessoas levavam nos sapatos e em outros lugares. Com as mãos cheias de joias, elas as ofereceram a Mengele, pedindo para que deixasse a criança viva. Mas a resposta foi: "Não, não preciso disso". Você podia encontrar de tudo ao andar pela Lagerstrasse, mas aqueles itens não tinham valor para ninguém, exceto para os nazistas. E todos eles já tinham pilhas de joias. Ainda assim, muitos internos tentavam comprar sua própria vida com ouro ou joias, mas sem resultados.

Mengele colocou aquela criança na lista. Todas ficamos terrivelmente tristes por aquela garotinha – justamente ela – ter de ir. Ele a escolheu – essa é a insanidade que não consigo entender; falamos demoradamente sobre isso, sobre como isso era possível. Ele a pegou, a beijou e a colocou no caminhão. Era um caminhão grande, do exército alemão, no qual todas as pessoas eram colocadas.

Havia entre nós quatro holandesas muito corajosas. Eu ficava terrivelmente amedrontada, mas elas eram tão... eu poderia dizer quase reconfortantes e corajosas. Uma delas disse: "Se você falar com meu marido, por favor, mande lembranças". Aquele homem também não voltou. Mas as mulheres seguiam com uma coragem inacreditável. E a menininha também. Elas foram para a câmara de gás e depois para o crematório. Por quê? Provavelmente porque não tinham uma aparência suficientemente saudável; estavam um pouco magras.

No período que Frieda Brommet, as irmãs Frank e eu passamos nos galpões da enfermaria, a senhora Brommet cuidou de mim e de Frieda. Da mesma forma, a senhora Frank ficava o tempo todo perto das filhas e cuidava para que elas sempre tivessem algo para comer.

Depois, acabamos nos tornando tão habilidosas em roubar comida que, quando alguma mulher levava sopa que não era para nós, fazíamos uma fila de espera com nossos potes. Quando ela passava, enfiávamos o pote na sopa e, então, tínhamos algo para comer. Era um alimento sólido – tinha batatas e algumas outras coisas.

Todas dividíamos as coisas umas com as outras. Quando não era dia de passar pela contagem, saíamos para roubar comida, o máximo que conseguíssemos. E, enquanto as irmãs Frank e eu estávamos no galpão dos doentes, a senhora Frank e a senhora Brommet roubavam comida para nós.

A senhora Brommet cavou um buraco debaixo do galpão; por ali ela me chamava. Eu tinha sido a primeira a chegar àquele galpão e, portanto, estava em melhor estado de saúde. Ia até o buraco e ela me passava pedaços de pão, de carne e sardinha enlatada roubada do estoque. Assim, em comparação com as outras pessoas ali, estávamos relativamente bem alimentadas.

Em um dos primeiros dias que passei com febre escarlatina, defequei na cama enquanto dormia. Tive uma diarreia terrível. Fiquei completamente desidratada. Estava atordoada e me sentia muito infeliz e perdida. Não tínhamos nem sabão, nem água. Então, perguntei às outras: “Vejam aqui. O que posso fazer agora?”. Mas não demorou para uma

Aufseherin passar por ali e ordenar: "*Raus, Raus*" (Saia daí, saia daí). Ela me lavou com a ajuda de uma torneira na parede e me deu um pequeno balde esmaltado no qual tive que lavar o cobertor.

Fiquei ali, em pé, trabalhando por horas, até pensar que iria desmaiar. Mas não desmaiei. Sentei-me por um momento debaixo da torneira, na beirada do vaso, mas ela imediatamente gritou para eu ficar de pé e continuar trabalhando. Passei o dia todo enxaguando aquele cobertor no pequeno balde. Também limpei o colchão. Uma sujeira horrível. Aí pensei: "Como isso pode estar acontecendo? Nessa situação, eu tendo que limpar tudo de forma tão primitiva". Por fim, terminei o trabalho e tive que dormir debaixo de um cobertor molhado. Lembro que cheguei a pensar: "Eu vou morrer. Ou morro agora, ou vou pegar pneumonia". Mas consegui afastar esses pensamentos e, felizmente, não contraí mais nenhuma doença. Porém, havia momentos em que você se sentia terrivelmente desamparada porque não havia ninguém para lhe ajudar. E tinha que aprender a driblar a situação sozinha.

✡

Eu estava deitada em um colchão de solteiro com Frieda Brommet. Ela mantinha a cabeça próxima aos meus pés. Era impossível deitarmos as duas com a cabeça para o mesmo lado.

✡

Quando chegamos, eles cortaram nossos cabelos bem curtos, mas não rasparam. Porém, enquanto eu estava no galpão dos doentes, com febre escarlatina, alguma coisa aconteceu e eles rasparam as cabeças de todas. Mas não a minha, pois eu estava no galpão dos doentes. Quando os visitantes abriam a porta dos fundos no galpão dos doentes e gritavam: "Ronnie, como você está?", eu perguntava "quem é?", porque não reconhecia mais ninguém com as cabeças raspadas. Aí elas gritavam seus nomes e eu as reconhecia. Sim, era estranho desse jeito.

Frieda e eu achamos uma coisa em nosso colchão de palha. Sentimos alguma coisa sólida debaixo de nossos corpos. Abri o colchão e encontrei um relógio de platina – era maravilhoso. Falei a Frieda: "Agora poderemos comprar pães com isso." Contei às senhoras Brommet e Frank e passei o relógio para elas através do buraco debaixo dos galpões, dizendo: "Vejam o que conseguem em troca disso". Elas trocaram por um pão inteiro – algo grandioso – e um pedaço daquele queijo fedorento, um daqueles queijos que cheiram mal, e um pedaço de salsicha. Então tínhamos comidas deliciosas, embora Frieda não estivesse muito consciente. Eu a alimentei com pedaços bem pequenos do pão; ela estava realmente muito mal.

Quando tive de deixar o galpão e Frieda para trás, pensei que nunca mais voltaria a vê-la, pois ela estava em um estado de saúde muito crítico.

Perto de nós, do outro lado, uma jovem húngara morria de forma apavorante. Julika, a médica, não se atrevia a se aproximar muito, já que a garota tinha tifo e estava em péssimas condições – suja e com o corpo curvado. Frieda disse: "Ah, meu Deus, eu não consigo nem olhar." E eu respondi: "Então não olhe." Eu olhava de vez em quando mas, depois de uma certa altura, também não tive mais coragem. Mais tarde, ouvi alguém dizer que aquilo logo chegaria ao fim. Eu teria feito algo por aquela garota, mas não podia. Houve uma espécie de arrebatamento e então vi que ela tinha morrido. Estava de fato muito mal. Ficou muito tempo ali, deitada, até algumas pessoas aparecerem para arrastá-la para fora. O corpo foi simplesmente jogado no chão do lado de fora.

Havia uma holandesa deitada à minha frente e ela me viu entrar. E gritou: "Holanda, ajuda, Holanda, ajuda!". Era um caso severo de tifo. Não ousei me aproximar, mas gritei: "Não posso me aproximar de você e não posso fazer nada, mas talvez a médica possa ajudar." Continuei conversando com ela, mas depois a situação chegou a um ponto em que, embora ela ainda estivesse viva, foi levada com os mortos. Enquanto passava por mim, na maca, ela me olhou e gritou: "Holanda, ajuda". Foi simplesmente horrível. Então fiquei deitada ali, chorando, sem poder fazer nada. Eles devem ter pensado que ela tinha poucas horas de vida. E a levaram para fora com os mortos.

Aquilo era mais do que horrível – aquelas mulheres caídas ali por dias, até alguém vir para colocá-las nos carrinhos de mão, carriolas que também eram usadas para esvaziar as latrinas. As mesmas carriolas eram usadas para recolher corpos por todo lado e esses corpos eram simplesmente jogados, empilhados uns sobre os outros. Sempre achei aquilo horrível. Na verdade, preferia não ver, mas às vezes era impossível evitar. Eu era forçada a ver... Era terrível. Uma coisa de outro mundo, não dava para assimilar que tudo aquilo estava acontecendo de verdade. Eu me deparava com cenas como aquela com certa regularidade – tanto antes de ir para o galpão dos doentes quanto depois.

As irmãs Frank também se viam diante daquelas cenas. E presenciavam exatamente as mesmas coisas que eu. Sentiam tanto medo e nervoso quanto eu sentia, e ficavam apreensivas como todas nós ficávamos. O choque emocional ao perceber a existência de algo como aquilo... Elas também sentiram aquele choque.

As irmãs Frank tinham *Krätze*, sarna. Antes de serem levadas ao galpão da sarna, aconteceu uma seleção. Se participaram ou não dessa seleção, isso eu não sei. Acho que simplesmente escaparam e foram direto ao *Krätzeblock*.

No *Krätzeblock*, as irmãs Frank se tornaram muito reservadas. Não prestavam mais atenção às outras pessoas. Quando a comida chegava, elas ficavam um pouco mais animadas, dividiam os alimentos e conversavam um pouquinho.

Durante esse período, de forma um tanto intuitiva – porque pensei em tentar animá-las um pouco – eu cantava para as duas. Depois me pediam: "Ei, Ronnie, cante outra". E eu cantava músicas bem conhecidas.

Isso acalmava a todos, inclusive as irmãs Frank e Nannie Beekman, uma garota muito gentil e muito bondosa que também não voltou. Havia outra mulher lá, Coby, cujo sobrenome não consigo lembrar. Certa vez, quando cantei uma canção específica, ela disse: "Poderia cantar outra vez essa música? Porque meu marido sempre a cantava." Nunca mais cantei aquela canção. Reprimi completamente aquilo para nem mesmo lembrar qual era a música. Frieda também estava lá e, quando cantei para ela, com uma voz bem baixinha para evitar correr qualquer risco, uma espécie de calma se instalou.

A médica, Julika, que era um tesouro, um anjo, cuidava de tudo. Não tínhamos acesso a remédios. De vez em quando, alguém recebia uma aspirina ou alguma coisa para disenteria. Carvão, carvão ativado para as pessoas que sofressem de diarreias muito intensas – mas tudo era em vão. Só trazia um breve alívio. Fora isso, não nos davam nada. Depois, uma seleção aconteceu em nosso galpão, onde só havia pessoas com febre escarlatina e tifo. Muitas foram levadas. Acho que só sobraram cinco ou seis mulheres e garotas. Naquela noite, a doutora Julika nos visitou com uma enfermeira e disse: "Vocês todas precisam fazer silêncio." Tivemos que ficar em silêncio durante todo o próximo dia para dar impressão de que o galpão estava vazio. À noite, quando escureceu, fomos levadas pela parte de trás do galpão até o *Krätzeblock*, que ficava logo ao lado. E ali ficamos escondidas e continuamos recebendo cuidados.

E, nos galpões, voltamos a ver Anne e Margot. Sim, também a mãe delas e a senhora Brommet, que cuidou tanto de sua filha quanto de mim. Elas vagavam por todo o galpão, como mães no ambiente selvagem, tentando trazer o máximo possível de alimento para nós. E conseguiam.

As irmãs Frank estavam com uma aparência terrível, as cabeças e os corpos cobertos por marcas e inchaços, causados pela sarna. Elas aplicavam um pouco de sálvia, mas infelizmente não podiam fazer muito. Estavam em estado lastimável, penoso – era assim que eu as via. Não tinham roupas; tudo havia sido tirado de nós. Estávamos deitadas ali, nuas, debaixo de uma espécie de cobertor. Duas dividiam o mesmo cobertor, deitadas em uma cama de solteiro. Os nazistas esperavam que mais pessoas chegassem ao galpão, não estava muito lotado. É claro... Tinham levado muita gente.

A seleção era algo incompreensível. Na seleção que presenciei no galpão dos doentes, mulheres fortes, em boa forma física, acabaram sendo levadas. Disseram-nos que, se Mengele aparecesse, deveríamos ficar em pé diante dele e tentar parecer o mais cheias de vigor possível. Eu ainda estava com uma aparência relativamente boa, bem alimentada, com algumas reservas dos meus dias em Westerbork. E me vi diante dele. Aí você se pegava pensando: "Vou receber uma cruz ou uma linha?". Bem, não recebi a cruz, então pude retornar à cama. Algumas outras receberam a cruz e tiveram de sair. Mas também havia garotas, como Monica Rosenthal, magras como uma vara, mas que sobreviveram à seleção. Outra mulher bastante magra – mãe de gêmeos que estavam num esconderijo na Holanda – foi selecionada. A arbitrariedade era a regra.

Quando as seleções aconteciam, todas tentavam proteger umas às outras. Ficávamos o mais próximas que conseguíamos. As irmãs Frank também participavam, com a mãe por perto, naturalmente. Não sabíamos o que estava acontecendo mas, em certo momento, tínhamos que sair e passar por Mengele. Aí era impossível prever o destino.

Podia ser como o de uma jovem que teve de se ajoelhar nas pedras ao lado da *Langerstrasse*. Sempre erguíamos sua cabeça quando passávamos por ali, mas ela caía outra vez, e os homens da SS, ao passarem por ela, a golpeavam. A pobrezinha estava faminta. Acredito que não tenha recebido alimentos ou cuidados. Ao seu lado, havia uma bacia com água. Eu tinha a sensação de que ela acabaria caindo na água. Aquela garota passou dias ali, morrendo. Era uma visão realmente horrível.

Com referência a isso, a seguinte situação aconteceu comigo depois da guerra: estávamos visitando alguns conhecidos que haviam se mudado recentemente. Eles tinham uma sala de estar enorme e, na frente da janela, uma estátua de pedra branca de uma menina ajoelhada. De repente, vi aquilo e fiquei tão terrivelmente entristecida que quis ir embora. Pensei: "Não consigo mais olhar para essa estátua".

Depois que saímos, disse a meu marido: "Nunca mais vou à casa deles."

Ele perguntou: "Por quê? Qual é o problema?"

"A estátua. Ela me lembra a menina de Auschwitz", respondi.

Ele realmente entendeu a situação. E falou: "Vou perguntar se podem tirá-la de lá, ou então não voltaremos à casa deles."

É muito difícil descrever seus sentimentos porque eles se transformam o tempo todo, já que sempre acontecia alguma coisa diferente. Se você era levada com todo o grupo, podia estar andando a caminho da câmara de gás. Não dava para saber. Por isso, nós nos víamos invadidas por uma ansiedade terrível. Eu sempre buscava uma forma de escapar, mas escapar era impossível; achava que seria possível, mas não era.

Quando tive febre escarlatina, disseram que eu morreria porque não poderia ser levada ao galpão dos doentes, já que as enfermeiras polonesas de lá sugeriam: "Ah, apenas coloque-a aí num canto... Ela vai morrer mesmo".

Então, gritei que não queria morrer e as outras juntaram pedaços de pão para comprar um leito para mim no galpão dos doentes. Tive que entregar até mesmo meu vestido. Disseram que me devolveriam depois, mas nunca devolveram. Levaram tudo que eu tinha, em troca de uma permissão para ficar no galpão dos doentes. E, mesmo lá, a situação era de alto risco. Diziam: "Mengele costuma vir aqui para participar das seleções". Eu não sabia mais o que fazer.

Às vezes, tinha a sensação de que eu só viveria até o próximo minuto. Tudo era tão caótico!

Pouco antes de partirmos no transporte para Libau, sentimos muito medo... Eu tinha acabado de deixar o *Krätzeblock*. No meio da noite, fomos levadas a um galpão bem decorado, com cortinas na frente das camas e cobertores bonitos e coloridos. Ficamos com tanto medo que dissemos: "Esta é a nossa última noite, eles só querem nos atormentar nos deixando dormir em camas melhores, com bons cobertores". Estávamos tão assustadas que sequer nos atrevemos a fechar os olhos. Nada aconteceu.

Na manhã seguinte, simplesmente fomos levadas de volta ao galpão onde ficávamos antes, mas ainda havia uma incerteza sobre se iríamos ou não embora daquele lugar. Depois eles jogaram para nós algumas peças de roupa e alguns sapatos que não serviam. Trocamos umas com as outras. Em seguida, ficamos enfileiradas, prontas para partir, e algumas polonesas apareceram, querendo me trocar por outra polonesa. Elas pensavam: "Essas holandesas... elas não valem nada". Para elas, não valíamos nada, não éramos nada. Começaram a me empurrar e a me bater. Tentaram empurrar para o nosso grupo a mulher que queriam salvar.

Gritei por ajuda e uma batalha de vida ou morte se instalou. Mesmo assim, elas não conseguiram me tirar dali. As outras mulheres me seguraram com tanta força que consegui ficar onde estava. As polonesas não conseguiram me pegar, mas fiquei morrendo de medo. E pensei: "Agora vou ter que ficar com essas polonesas... Eu nem falo a língua delas". Elas provavelmente me matariam ou algo assim. Mas, no fim, tudo deu certo.

Depois, no caminho para o trem, havia um carro enorme do Exército, com soldados nas laterais. Eu andava com Beppie Schellevis, minha amiga que agora mora em Hilversum. E ela disse: "Vá daquele lado do carro e eu vou do outro lado. Depois, nos encontraremos na frente, porque..." Estávamos bem próximas do carro quando um dos homens ali parados a interrompeu e disse em holandês: "Não tenham medo. Vocês vão receber pão e salsicha. E vão sair nesse trem." De fato, ele nos deu pão e salsicha – para todas nós. Ficamos muito, muito aliviadas.

No trem, senti uma angústia enorme; coisas de todo tipo se passavam em minha cabeça. O que vou fazer? O que vai acontecer com minha mãe, que tinha ficado para trás, sozinha? E agora certamente não voltarei a encontrar meu pai... Bem, ele não estava mais vivo, mas eu não sabia naquela época. E ainda outros pensamentos invadiam minha mente. O trem nos levou a Libau.

Parte da minha salvação certamente se deveu ao fato de eu ter lutado com unhas e dentes contra a fome. Eu não queria morrer. Desde o início – na verdade, desde a chegada a Auschwitz –, pensei: "Eles não vão me vencer. Não quero morrer e preciso sair daqui". Sempre tive essa sensação e sempre consegui me apoiar nessa ideia. Quando via outras pessoas desesperadas, dizendo que no dia seguinte se jogariam na cerca elétrica ou algo do gênero, eu sempre tentava, embora nem sempre funcionasse, dissuadi-las. Cada vida humana perdida era algo que eu achava tão horrível a ponto de me sentir na obrigação de tentar salvá-la.

Também recebi apoio do grupo que já tinha se formado na prisão, em Weteringschans. Algumas delas desapareceram, não sei o que aconteceu. Todos os grupos, naturalmente, eram formados por mulheres que tinham vontade de ficar juntas e que compartilhavam alguma afinidade.

Anne, Margot e sua mãe também faziam parte de um grupo, composto por pessoas que conheciam do Anexo – na época, porém, nós não sabíamos de nada a respeito do Anexo. E também havia algumas judias alemãs com elas. Essas mulheres provavelmente ofereciam apoio umas às outras, embora eu ache que as mulheres da família Frank não falassem alemão.

Nós já tínhamos nosso grupo. Um pouco depois, Frieda uniu-se a nós. De forma bastante casual: "Bem, aqui estou eu". Num primeiro momento, algumas ficaram ressentidas – afinal, todas já estávamos como trapos humanos e ela chegou um pouco alegre demais. Às vezes, reagimos de forma estranha quando a situação é muito tensa, quando nossa vida está em risco. Algumas pessoas não conseguem entender isso.

Mas eu dei risada e, daquele momento em diante, Frieda e eu passamos a ficar sempre juntas. E também Beppie Schellevis, que sempre nos fazia rir. Ainda hoje é assim.

No outro campo, em Libau, não fomos instaladas juntas nos galpões – havia galpões abrigando quarenta mulheres – e aí comecei a me entristecer um pouco. Então, certo dia, Beppie veio me ver e disse: "Você precisa tentar trocar de galpão para ficar com a gente, porque não está bem aqui." Deu certo. Depois, escrevemos um musical e uma opereta, que todas nós cantamos. E nos divertimos muito, embora sempre tivéssemos de permanecer alertas, pois era um campo pequeno e não queríamos que as *Aufseherinnen* descobrissem o que estávamos aprontando. Aqueles foram momentos incríveis, repletos de risadas.

Em Auschwitz, não era assim. Em Auschwitz, não dávamos risada, muito menos com a exuberância que ríamos em Libau. Em Auschwitz, ficávamos o máximo de tempo possível caladas, porque não sabíamos qual poderia ser a reação. Em Libau, o regime era muito mais moderado. No início, as *Aufseherinnen* eram muito amigáveis. Perguntavam como era a vida em Auschwitz e nós contávamos as experiências terríveis pelas quais havíamos passado.

Contudo, isso só durou uma semana. Depois, elas receberam ordens para não serem tão gentis conosco e para nos agredirem. De repente, elas mudaram. Começaram a gritar e a nos fazer permanecer em pé durante horas e mais horas – às vezes, ao longo de toda a noite – para as contagens. Elas passaram a ser muito duras conosco. Mas, em Auschwitz, o medo e a ameaça dominavam o ambiente o tempo todo; você tinha que realmente lutar pela sobrevivência. Em Libau, felizmente, não era assim – a situação era muito mais branda se comparada à realidade de Auschwitz.

Como muitos tiros eram disparados sem um alvo específico, concordamos em trocar de lugar constantemente umas com as outras. Quando andávamos em filas de cinco, e também durante as contagens, procurávamos garantir que aquelas que ficassem na primeira fila em um dia ficariam na segunda fileira no dia seguinte e as do fundo iriam para a frente. Sempre trocávamos de lugar. Assim, minimizávamos o risco. Quando eles atiravam, via de regra, atiravam na primeira ou na última fileira. Essa era uma forma de tentar driblar o risco de morte mas, é claro, não tínhamos nenhuma autoridade.

Ninguém vinha ao nosso resgate. Em certa ocasião, alguns aviões russos voaram sobre o campo e jogaram panfletos. Também houve um bombardeio russo. Acho que atingiram um campo de soldados da SS. Não poderíamos ter desejado nada melhor. Nós mesmas não fomos atingidas por esse bombardeio.

A longo prazo, ficamos muito amarguradas, já que nos perguntávamos por que eles não vinham nos ajudar e por que não atacavam o campo. De vez em quando, ouvíamos alguma coisa. Em Auschwitz, existia todo um submundo, e eles conseguiam ouvir as notícias no rádio. Essas notícias se espalhavam com rapidez. Quando aparentemente Roosevelt disse algo positivo, ficamos todos contentes. Uma conferência aconteceu, na qual Churchill declarou isso ou aquilo. Essas informações nos acalmavam um pouco mas, de fato, nada acontecia.

Eu tinha uma forte sensação de que estávamos em um lugar que todos desconheciam. Uma sensação de que ninguém sabia onde nos procurar, de que não conseguiam nos encontrar. De que realmente havíamos sido deixados para sofrer nosso destino.

Não podíamos fazer nada. Nada do tipo roubar uma arma e sair atirando. Só se tinha o próprio corpo e, se pudesse contar com a sorte, um vestido ou uma jaqueta. Só isso.

Era muito difícil acreditar na existência de um Deus. Queríamos acreditar para ter algo a que nos apegar. Mas, por outro lado, era impossível pensar em um Deus; um Deus que permitia a vida continuar como estava. Que crianças e idosos fossem assassinados – isso é um dilema eterno para mim. E ainda existia toda aquela brutalidade à nossa volta. A possibilidade de existir um Deus que organizava aquilo, ou que aprovava aquilo, ou que não se importava... Tive muita dificuldade em lidar com essa ideia.

Lembro-me de uma ocasião em que eu estava deitada perto da nossa *Stubenälteste* (líder do galpão) em Libau, e ela me disse: "Precisamos orar mais". Fui criada de uma forma totalmente desligada da religião, então, sequer sabia fazer orações. Então ela disse: "Vou ensinar uma prece a você". E aí orávamos todas as noites e aquilo me acalmava, pois eu sabia que tinha feito alguma coisa. Mas não acredito que tivesse a ver com Deus, porque eu estava muito nervosa com Ele. Acredito que ainda esteja. Até hoje não tenho uma resposta. Não consigo, não consigo encontrar paz no meio disso tudo.

Em Auschwitz, conheci uma mulher que sempre – inclusive no Sabá – fazia suas orações. Ela conhecia todas as datas religiosas. Muitas de nós não tínhamos mais noção de tempo, mas ela sabia exatamente quando era o Ano-Novo ou qualquer outra data, e fazia suas orações. No Yom Kipur, o Dia do Perdão, ela jejuava. E lhe dizíamos: "Não precisa fazer isso porque já não recebemos uma quantidade suficiente de alimentos no dia a dia". Mas não, ela jejuava mesmo assim.

Era uma mulher decidida e fazia aquilo com uma enorme dignidade, cheia de respeito. Era um ser humano realmente especial. Também sobreviveu e voltou a encontrar os filhos. Vinha de uma formação ortodoxa e isso fazia uma grande diferença, mas nunca consegui entendê-la muito bem.

Eu tinha muita dificuldade com aquilo. Penso em minha avó – saudável, bondosa, com setenta anos quando foi levada de sua casa. E aí minha mente fica estagnada. Não consigo estabelecer uma relação com esse Deus. Não sei lidar com isso. E meus sobrinhos e sobrinhas, crianças, ainda tão novos... Não consigo entender.

Em Auschwitz, não era possível escrever nada. Em Libau, por outro lado, consegui escrever alguns poemas.

Você se torna muito engenhosa. Como não tínhamos papel, usei o papel que era colocado debaixo de nosso colchão de palha. Era um papel de embrulho, cinza. Rasgamos em pedaços. Depois, puxamos um fio do cobertor e demos uma volta em um pedaço de fio de aço. Furávamos os papéis com esse fio e, assim, criávamos um pequeno caderno. Era uma posse valiosíssima. Encontramos um lápis, já bem gasto, na fábrica.

No caderno, escrevi todos os poemas que me surgiam. Poemas sobre a incerteza, sobre o medo e sobre o que poderia estar à nossa espera. Estávamos lá, nas montanhas – hoje em dia deve ser uma região onde se pratica esportes de inverno. Havia muita neve e eu escrevia sobre o que aconteceria um dia do outro lado daquelas montanhas – um dia, quando pudéssemos ir até lá.

Enquanto ficávamos paradas esperando a contagem e colocávamos nossas calças – que tínhamos lavado na neve – nas costas, para que o sol pudesse secá-las. Também passávamos noites inteiras posicionadas para a contagem. No galpão, tínhamos uma mesa – um luxo enorme – e alguns banquinhos. Você podia se sentar à mesa para escrever. Ou podia escrever sentada na cama. Isso era um luxo enorme para nós.

Atrás das Montanhas

Vi os pássaros voando livres
E meus pensamentos voaram com eles
Planaram sobre a cerca de arame farpado
E atrás das montanhas, até o apito soprar.
Eles nos chamam enquanto fico parada, em pé.

Então, a cada dia vejo o Sol se pôr outra vez
E, nos meus pensamentos, desço com ele
Atrás das montanhas, à minha terra natal
Estas duas linhas são do mesmo verso.
A segunda precisa de recuo
E faço uma prece pela paz.

Fomos libertadas em 8 de maio. Vimos as *Aufseherinnen* saindo de bicicleta, mas ainda tivemos que participar da contagem naquela manhã. Então, voltamos ao galpão. De repente, o portão se abriu e os homens holandeses com os quais trabalhávamos na fábrica passaram com um rádio. Gritamos para eles: "Vão embora, vão embora. Isso não é permitido."

Mas eles disseram: "Não, vocês já estão livres. Os russos estão a caminho. Nada mais pode nos acontecer."

Nós os abraçamos e todos ficamos completamente descontrolados. Levamos o rádio para os galpões.

A primeira coisa que ouvimos foi um apelo de Theresienstadt. Havia um surto de tifo por lá e eles pediam ajuda médica, remédios, vestimentas e todo tipo de apoio possível. Posteriormente, pareceu que o apelo era feito por nosso médico de família, o doutor Diamant, que estava preso em Theresienstadt, onde trabalhava forçado como médico.

Depois, acabamos nos convencendo de que estávamos livres. Passei pelo portão porque precisava deixar aquelas grades para trás. Na rua, do lado de fora, onde as pessoas simplesmente andavam, eu ia de um lado para o outro, gritando: "Ei, vejam! Estou andando na rua!". Achei aquilo inacreditável. Uma experiência maravilhosa!

Mais tarde, o comandante russo apareceu. Ele falou em iídiche conosco. Não entendíamos a língua, mas as polonesas e as russas entendiam. Tínhamos de formar filas de acordo com nossas nacionalidades. E todos cantaram "A Internacional" em sua própria língua. Foi comovente. O comandante russo gritou: "Não vai haver outra guerra e seremos para sempre livres." Ele trabalhou para que uma quantidade enorme de comida fosse trazida para nós.

Isso aconteceu em 8 de maio. No dia 18, partimos, mas não sabíamos em qual direção seguir, qual caminho tomar. Então apenas vagamos sem destino. Pegamos uma carroça e um cavalo de um fazendeiro. Depois de tudo, achávamos que tínhamos direito. Na carroça, colocamos as pessoas que não conseguiam andar.

Depois de algum tempo, chegamos à fronteira com a Tchecoslováquia, onde aparentemente podíamos pegar um trem para Praga. Mas eu disse: "Não quero ir a Praga. Preciso voltar para Amsterdã." Eu não sabia o que fazer para chegar à Holanda. Então, fomos a Praga, que era a cidade mais próxima. Chegamos depois de dois dias. Ficamos em Praga por três ou quatro semanas. Não tínhamos nada. O governo holandês não apareceu para oferecer ajuda e ficamos absolutamente sem nada. Ninguém demonstrou a menor preocupação, ninguém fez nada por nós. Depois os belgas e suecos demonstraram algum interesse e nos ofereceram alimentação, camas e abrigo.

Muitas pessoas de meu grupo, inclusive eu mesma, estavam com sarna. Cinco de nós precisaram visitar o hospital, onde receberam um belo tratamento. Saímos como novas. Nossas roupas foram desinfetadas. Na rua, havia grandes chaleiras, que eram usadas para desinfetar tudo. Recebemos nossas roupas de volta junto com um livrinho, que trouxe comigo. Até hoje ele cheira a desinfetante, mesmo depois de todos esses anos, por mais estranho que pareça.

De Praga, seguimos com um transporte belga até a cidade de Pilsen, onde os russos nos entregaram aos americanos. Atravessamos a Bavária e chegamos a Bamberg, viajando em caminhões militares grandes. Passamos uma semana ali, em um galpão enorme, enquanto eles tomavam os transportes de muitos homens da SS, holandeses da SS, homens da NSB que haviam fugido – tudo isso e mais.

Muito lentamente, viajamos em trens de carga até a Holanda – os quais não eram agradáveis, mas onde fomos tratados de uma maneira totalmente diferente em comparação ao que tínhamos vivido nos transportes para os campos de concentração.

Em Maastricht, a Cruz Vermelha da Holanda nos esperava com xícaras de café. Algumas pessoas, já sem paciência, jogaram a bebida fora. Outras diziam: "Ah, vamos beber, assim pelo menos podemos dizer que recebemos alguma coisa da Cruz Vermelha".

Afinal de contas, tínhamos sido deixados sem qualquer amparo, de uma forma horrível. Em Praga, escrevi uma carta à minha mãe, acreditando que essa correspondência seria rapidamente enviada pela Cruz Vermelha – assim, todos em casa saberiam que eu ainda estava viva. A carta chegou em outubro de 1945. Eu cheguei em casa em julho de 1945. Portanto, a carta já não tinha qualquer finalidade quando foi entregue. Mantive o envelope apenas como curiosidade.

Em Praga, também nos disseram que não fazia sentido voltar à Holanda. Segundo informavam, em Haia, meu destino, tudo havia sido destruído e não restava ninguém vivo. Chegamos a considerar se seria a melhor opção simplesmente ficar em Praga. Por Deus, o que faríamos na Holanda, onde não tínhamos mais ninguém? Então ficamos em Praga. Isso chegou a acontecer. Depois, ouvimos de outras pessoas que a informação não era verdadeira e que, em Haia, somente a região de Bezuidenhout havia sido bombardeada. Minha mãe morava perto dessa área. Então pensei: "Vamos embora, vamos ver como está a Holanda. E, se não tiver sobrado ninguém, podemos voltar a Praga". Uma ideia patética, mas não estávamos em condições de pensar direito. Tudo era muito estranho.

A recepção na Holanda foi maravilhosa. Primeiro, chegamos a Vlodrop, em Limburgo. Fomos levados a um mosteiro, onde passamos por uma avaliação, fizeram raio-X e vários outros exames. Tudo muito rápido. E depois fomos levados de carro a Eindhoven, onde fui parar em um centro de emergência criado pela Philips, pois estava com uma febre altíssima. Fiquei na seção reservada aos que tinham tifo, mas deixei claro: "Eu não tenho tifo."

Nosso grupo seguiu viagem e eu disse: "Vou com vocês." Perguntei a uma amiga: "Você poderia tentar pegar minhas roupas? Porque vou simplesmente sair andando daqui".

Eles perguntaram ao médico, que respondeu: "Ela não pode ser removida agora porque está com uma febre muito alta. Não posso fazer nada."

Diante desse cenário, falei: "Ah, esse cara não tem noção de nada. Sei que não tenho tifo. Vou me vestir e seguir viagem com vocês." Vesti calças da SS, uma blusa e os sapatos de madeira. Era tudo o que eu tinha. No caminho, sofri com uma febre terrível. Mas, quanto mais me aproximava de Haia, melhor eu me sentia.

Em Den Bosch, recebemos um pão e um pedaço de bolo. Comíamos tudo o que aparecia na nossa frente – estávamos em estado de inanição. De Den Bosch, fomos de barco a Roterdã e, de lá, de trem a Haia.

Aqueles meus amigos que tinham trabalhado na KIFO, a loja de materiais fotográficos de Haia, e feito parte da Resistência, viviam em Spoorwijk. Fomos de trem até lá, mas, como a locomotiva parava o tempo todo pelo caminho, eu disse: "Pessoal, vou passar em Rie antes e ficar alguns minutos porque quero saber onde minha mãe está." Saí dali pensando: "Ainda dá tempo de eu voltar e pegar esse trem".

No mesmo instante, fui abordada por dois homens.

"Ei, está tentando escapar? Aonde está indo?"

"Preciso ir ao número 9 da Van Vlotenstraat", respondi.

E eles disseram: "Certo, mas você só pode ser um membro da NSB (a organização nazista holandesa) tentando escapar."

Tive uma dificuldade enorme para convencê-los de que eu tinha acabado de voltar de um campo de concentração. Depois de finalmente entenderem, eles me levaram na garupa de uma bicicleta até a estação. Entretanto, o trem já tinha partido para Amsterdã.

Havia um policial ali, que disse: "Aqui está, preencha esse papel e mais esse e mais esse para receber cartões de racionamento." Peguei os papéis e fui me sentar em um banco, porque não sabia mais aonde ir.

O policial disse: "Você não deveria estar indo para casa?"

"Sim, mas não sei se minha casa ainda existe", respondi.

"Onde ela ficava?", perguntou.

Dei o endereço e ele me ofereceu um bom conselho: "Vá até o número 4 da Pletterijstraat. Nesse endereço moram alguns amigos dos meus pais e eles vão saber lhe dizer se sua mãe está lá."

E, de fato, aquelas pessoas haviam acolhido minha mãe, que vivia do outro lado da rua. E agora... que felicidade! Eu estava com uma aparência péssima... Mas minha mãe, sim, ela ia até a estação todas as noites, porém, esta noite em particular, não tinha ido, porque já começava a perder as esperanças.

Bem, foi uma felicidade imensa voltar a vê-la. Eu não tinha nenhum dinheiro comigo, mas queria dar algum presente àquele policial. Só carregava comigo um maço de Lucky Strike. Dei a ele o maço de cigarro e como aquele homem ficou feliz!

Ele falou: "Você sabe quanto vale isso?"

"Não sei, mas não faz a menor diferença para mim", respondi, sentindo-me muito generosa.

Fui para casa com minha mãe e passamos a noite toda sentadas, conversando. Lembro perfeitamente. Ela dizia o tempo todo: "Como isso foi possível? Como conseguiram fazer isso?". Contei todas aquelas insanidades para ela e até conseguimos dar algumas risadas. Esse foi o meu retorno para casa.

Como posso encontrar tranquilidade?
Anos depois, o tumulto dos homens ressoa,
O estalar de seus chicotes,
Acima das pessoas sendo empurradas,
E o bater das botas,
Gritos de angústia.
Vi tantos sofrerem uma morte desesperada,
Do outro lado da estrada de terra, na qual pés enfraquecidos

Arrastavam-nos até o portão
A fumaça não fala,
Das chaminés ela escapa, sem forma, suspensa
E é levada pelo vento,
Com seus ossos roubados.
Desde então, apesar das roupas, estou nua,
E continuo exposta a sinônimos.
Por isso, não existe alívio interior,
Os chicotes ainda estalam,
Nos momentos mais inesperados,
As imagens ressurgem
Frias, amareladas, cinzas da fumaça
E duras como a morte, à noite, quando quero dormir.

SOBRE O AUTOR

WILLY LINDWER é um cineasta holandês, filho de judeus que se submeteram à clandestinidade durante a ocupação alemã. Já produziu diversos documentários para a televisão em seu país; também esteve envolvido na coprodução de filmes internacionais. Seu documentário sobre os últimos sete meses de Anne Frank foi exibido pela primeira vez na Rede Pública de Televisão para marcar o 60º aniversário do nascimento de Anne Frank. A obra ganhou um prêmio Emmy.

LEIA TAMBÉM

DEPOIS DE AUSCHWITZ

Em seu aniversário de quinze anos, Eva é enviada para Auschwitz. Sua sobrevivência depende da sorte, da sua própria determinação e do amor de sua mãe, Fritzi. Quando Auschwitz é extinto, mãe e filha iniciam a longa jornada de volta para casa. Elas procuram desesperadamente pelo pai e pelo irmão de Eva, de quem haviam se separado. A notícia veio alguns meses depois: tragicamente, os dois foram mortos.

Este é um depoimento honesto e doloroso de uma pessoa que sobreviveu ao Holocausto. As lembranças e descrições de Eva são sensíveis e vívidas, e seu relato traz o horror para tão perto quanto poderia estar. Mas também traz a luta de Eva para viver carregando o peso de seu terrível passado, ao mesmo tempo em que inspira e motiva pessoas com sua mensagem de perseverança e de respeito ao próximo – e ainda dá continuidade ao trabalho de seu padrasto Otto, pai de Anne Frank, garantindo que o legado de Anne nunca seja esquecido.